Bienvenue au club !

Journal intime du cheval Crac

SYLVIE OVERNOY

Préface de Jean-Louis Gouraud

BELIN
8 rue Férou - 75278 Paris cedex 06
www.editions-belin.com

Chez le même éditeur

Paul Morand, *Milady*, Édition prestige, 2000.
François Robichon de la Guérinière, *École de Cavalerie*, 2000.
Nuno Oliveira, Jean-Louis Sauvat, *Propos sur des croquis équestres*, 2001.
Dominique Barbier, Jean-Louis Sauvat, *Croquis de dressage*, 1992.
Commandant de Padirac, Jean-Louis Sauvat, *Équitation, la tradition classique*, 2001.

Laurent Dupriez, Jean-Marc Imbert, *Le cavalier de liberté*, 2001.
Laétitia Boulin-Néel, *Templado, la star en liberté*, 2002.

Collectif, *Le cheval et l'éthologie*, 1999.
Collectif, *La Guérinière, écuyer du roi et d'aujourd'hui*, 2000.
Collectif, *Le cheval autrement*, 2002.
Collectif, *Poulain à venir, poulain en devenir*, 2002.

Dominique Ollivier, *La vérité sur l'équilibre*, 1999.
Gérard Guillotel, *Antoine d'Aure, l'homme à cheval au xixe siècle*, 1999.
Véronique Bartin, *L'équitation par la technique Alexander*, 2002.
Patrick Broux, *Manuel de sellerie*, 2002.
Jean-François Ballereau, *Manuel de randonnée*, 2002.
Frédy Merçay, *Longer son cheval*, 2002.

Collection « Les grands maîtres expliqués »
Marion Scali, *La Guérinière*, 2002.
Marion Scali, *Baucher*, 2002.

Collection « Les cavaliers de l'aventure »
Véronique et Stéphane Bigo, Crinières d'ébène, 2001.
Stéphane Bigo, *Crinières de jade*, 2001.
Ana Beker, *L'amazone des Amériques*, 2001.
Aimé-Félix Tschiffely, *Le grand raid*, 2002.

Jean-Louis Gouraud, *Russie, des chevaux, des hommes et des saints*, 2001.
Jean-Louis Gouraud, *L'Afrique par monts et par chevaux*, 2002.

Pour la jeunesse
Sylviane Gangloff, *Tous à poney, tome 1*, 2002.
Sylviane Gangloff, *Tous à poney, tome 2*, 2002.

 ISBN 2-7011-3148-0

Préface

Que Sylvie Overnoy ait du talent, de l'imagination, de l'humour – et du cœur –, pas besoin d'une préface pour qu'on s'en aperçoive : ça saute aux yeux dès les premières pages, dès les premières lignes de son livre. Non, cette préface n'a pas d'autre utilité que de lancer quelques mises en garde.

ATTENTION ! Lorsqu'on est piéton, l'équitation paraît quelque chose d'extrêmement simple, voire même d'enfantin : « y'a qu'à grimper dessus, y'a qu'à tirer dessus, et va comme je te pousse ». Lorsqu'on voyait le maître Nuno Oliveira mettre ses chevaux au piaffer, au passage, aux changements de pied, tout cela paraissait évident. Élémentaire, mon cher Watson. Quand on lit le Journal intime *de Sylvie Overnoy (pardon, du cheval* Crac*), c'est pareil. C'est si joliment dit, si habilement fait, que cela paraît tout naturel : cela coule de source. Eh bien non. Cela relève plutôt de l'exploit. À ce niveau, c'est du grand art. De la haute école.*

Sylvie Overnoy, on s'en doute bien, n'est pas la première à avoir eu l'idée de faire parler les chevaux. Nombre d'écrivains s'y sont essayés. Peu, très peu, ont réussi. Léon Tolstoï, bien sûr, avec Kholstomir *(1862), un petit roman, une grosse nouvelle (une centaine de pages) dans lequel un vieux cheval raconte sa vie à ses compagnons de pâturage. Et, dans un genre différent, Jonathan Swift qui, dans la quatrième partie des* Voyages de Gulliver *(1726) décrit par le menu le séjour de son héros dans un pays peuplé de chevaux au comportement étrangement humain, les* Houyhnhnms.
Ce sont, dans les deux cas, des œuvres géniales, certes. Mais où le cheval n'est, au fond, qu'un prétexte. Un moyen de philosopher sans en avoir l'air, de critiquer la société des hommes sans trop prendre de risques. Rien de tel chez Sylvie Overnoy.*
J'en arrive à mon deuxième avertissement.

ATTENTION ! Un livre (comme un train) peut en cacher un autre : derrière ce qui pourrait passer, au premier abord, comme un simple divertissement, un aimable exercice de style, se cache en fait une entreprise extrêmement sérieuse. Et extrêmement utile. Je dirai même : salutaire.
Ce Journal intime, *en effet, est le meilleur manuel – je pèse mes mots – le meilleur manuel, disais-je, d'initiation à l'équitation qu'il m'ait été donné de lire depuis que je m'intéresse aux chevaux et que j'essaye de comprendre quelque chose à ces grands bestiaux. C'est-à-dire, depuis toujours (et c'est-à-dire pas grand-chose).*
Le livre de Sylvie Overnoy est le plus accessible, le plus sympathique, le plus pédagogique, le plus intelligent et le plus efficace (oh là, on se

* *On peut les trouver toutes deux en version intégrale dans l'excellente anthologie* Le Cheval, romans et nouvelles *parue chez Omnibus en 1995, et toujours disponible.*

calme !) moyen d'aborder l'éthologie, de comprendre le comportement du cheval (et donc de comprendre comment se comporter avec lui), d'avoir une idée de ses réactions, de ses besoins, de ses joies, de ses frayeurs, bref, de sa vision du monde.

S'il fallait à tout prix lui trouver un antécédent, un cousinage, je citerais François Baucher qui eut, lui aussi, l'idée de faire parler un cheval : dans de très curieux *Dialogues sur l'équitation* (1834) « entre le grand Hippo-Théo, dieu des quadrupèdes, un cavalier et un cheval ». Chez Sylvie Overnoy, si le style est différent, le but est le même : faire comprendre aux (futurs) cavaliers ce qui se passe dans la tête, et le cœur, et le dos, et les jambes d'un cheval quand un homme l'approche, le tripote, le califourchonne.

Et voici une dernière remarque.

ATTENTION ! Le livre de Sylvie Overnoy est entièrement interactif. C'est-à-dire qu'il a été écrit par une bipède, mais c'est un quadrupède qui parle. C'est un quadrupède qui se confie, mais c'est aux bipèdes, en fait, qu'il s'adresse.

Dommage que les chevaux – qui, grâce à Swift, à Tolstoï, à Baucher, savent déjà parler – ne sachent pas encore lire. Le témoignage de *Crac* leur serait de la plus grande utilité. Son *Journal intime*, en effet, pourrait, en effet, fort bien s'intituler « tout ce qu'un cheval doit savoir avant de se laisser monter », et *Bienvenue au club* pourrait alors être considéré comme le premier traité d'équitation à l'usage des chevaux…

En attendant, il faut se contenter de ce qu'il est, et en tirer profit : *Crac*, le cheval qui murmurait à l'oreille des hommes.

Jean-Louis GOURAUD

À Sandrine et Laurent,
évidemment.

CHAPITRE 1

AOÛT

J'arrive !

J'avais chaud. Il faisait noir. Le monde autour de moi était étroit et sentait mauvais. J'avais peur. Une bête grondait dehors et j'étais attaché. Le sol tremblait sous mes sabots.

Quand d'un seul coup tout s'est arrêté.

Alors j'ai mis mon nez entre mes pieds de devant et j'ai tapé avec mes pieds de derrière, le plus fort que je pouvais, encore et encore, comme un fou. Puis je me suis mis debout en criant et j'ai tiré si fort que la longe a cassé – je me suis cogné la tête – et soudain devant moi il a fait jour.

Je suis retombé sur mes quatre pieds, et j'ai regardé.

Dehors ils ont parlé tous en même temps.

« Du calme, bébé. Ooooh-là. Du calme.

– Il va sauter !

– Pas de pied ferme ?

– Il va sauter je te dis ! Poussez-vous de là ! »

J'ai frappé le sol des pieds de devant et ils ont sonné comme le tonnerre. C'était haut, je n'avais pas d'élan, mais de l'autre côté il y avait l'air, le soleil, la liberté ! Alors j'ai poussé fort, tendu le dos, couché mes oreilles, et j'ai sauté.

Où suis-je ?

J'étais dehors !

Mais dehors où ?

Où étaient Frou-Frou, Fétiche, Fanfaronne et les poulains du pré d'à côté ?

Où étaient l'herbe verte et mon vieux pommier ?

Qui étaient ces gens ?

Pas question de les laisser m'approcher.

« Laisse-le, a dit quelqu'un. Regarde : il est en sueur. Qu'il prenne le temps de se calmer. »

Je me suis mis à galoper. Partout, il y avait des murs, des murs de pierre, des murs de bois, des murs très hauts. J'ai cherché partout, j'ai appelé longtemps, mais je n'ai pas trouvé d'issue, et Fanfaronne n'a pas répondu.

« Il fait peine… a dit une voix douce. Il a l'air perdu.

– C'est normal. Il cherche ses copains de pré.

– Il s'en fera d'autres ici. Il faut le temps. »

Qui êtes-vous ?

Je me suis arrêté. Je tremblais.

Il s'est approché. Il avait un licol à la main, et des jambes brillantes qui me faisaient peur. J'ai redressé la tête et ronflé.

Il a dit « Tout doux bébé » et il s'est approché encore. J'ai couché les oreilles pour dire : je suis dangereux !

Mais j'étais fatigué…

Il a tendu la main. J'ai frissonné de tout mon corps, et j'ai tapé par terre d'un pied de devant pour le prévenir qu'il ne fallait pas m'embêter ou sinon !

Il a parlé, des mots tout doux, qui faisaient du bien dans mes oreilles. Quand il a vu que j'écoutais, il a tendu la main plus près.

Dedans, il y avait une carotte.

Comment sait-il que j'aime les carottes ?

C'est chez moi alors ?

Pendant que je mangeais ma carotte, il m'a frotté le front et il a dit « Brave cheval. Tu es gentil. Brave, brave cheval. Tu vas voir, ça va aller. Gros père. Tu t'es fait peur ? C'est fini. Plus de danger. »

Avoir confiance dans les Cavaliers, je ne sais pas pourquoi, je ne peux pas m'empêcher.

J'ai regardé avec mon nez s'il ne contenait pas d'autres carottes : et en bas non, mais en haut, oui. Il m'a caressé l'encolure, il m'a passé le licol neuf, il m'a dit « Tu veux venir visiter ton box ? »

Il a marché, et j'ai suivi ses jambes brillantes.

Il y avait de la paille par terre, une porte pour les pieds qu'il a fermée, une porte pour la tête qu'il a laissée ouverte, et pendant qu'il me donnait d'autres carottes et qu'il me grattait encore le front, et qu'entre les carottes je mettais mon nez dans son cou parce qu'avoir confiance avec les Cavaliers vraiment je ne peux pas m'empêcher, les autres se sont approchés, et ils ont parlé :

« Tu vois ce que je disais : même s'il a été oublié au pré pendant deux ans, c'est un brave cheval.
– En effet. Quand même, tu as vu ce qu'il a fait de ton camion ! Comment dis-tu qu'il s'appelle ? »
Ça je sais.
Je suis Crac !

Je suis Crac

Je suis Crac, fils de Rita par Big Bang.
J'ai sept ans.
Je suis bai brun foncé avec un peu de blanc sur le bout du nez et c'est tout.
Je suis un Cheval de Sport !
Enfin je crois…
Les Concours c'était il y a longtemps. Au début j'aimais bien. Il y avait du bruit, des carottes, des chevaux, de l'herbe et des barres qu'il fallait sauter, comme quand j'étais poulain et que je suivais Rita ma mère, qui volait par-dessus les clôtures et les haies pour rejoindre le Maître partout où il était. Il se fâchait avec le front mais il riait avec la bouche, il était content et disait « Apprends-lui ! Apprends-lui à se sauver ! Oh, je le vois que tu es fière de toi. Venez ma belle, rentrons au pré ».
Pour moi c'était ça sauter : la main douce sur l'encolure, des caresses, des sucres, et être plein d'envie de danser. « Il a du cœur », disaient mes Cavaliers.
Puis un jour – pourquoi ? je ne sais pas… – les Barres ont commencé à me faire mal. J'avais un nouveau Cavalier qui disait : « S'il

peut faire ça il peut faire plus». Au début j'ai sauté plus haut. Mais les Barres faisaient encore mal...

Alors je n'ai plus voulu sauter de Barres. Même avec la Chambrière. Même avec l'Éperon. Même avec la Fourche. Même avec la Cravache. Plus jamais.

Oh, je n'aime pas me rappeler.

Un jour je suis revenu au Pré. Le Cavalier a dit «Il n'est bon à rien, je vous le rends. En plus il est dingue, il a failli me tuer.» Le Maître m'a regardé, longtemps. Puis il a dit:

«Il y a quelque chose qui ne me plaît pas là-dedans.

– Ça ne vous plaît peut-être pas. Mais c'est votre cheval, vous le reprenez. Mettez-le au couteau si vous voulez.

– Je crois que ça sera le pré.

– Vous êtes sentimental.

– Trouvez-vous sur mon chemin et vous verrez si mon coup de pied au cul sera sentimental. Maintenant, dégagez.»

Le Pré était un très grand Pré, avec de l'herbe jusqu'aux genoux l'été, un vieux Pommier pour l'ombre, et surtout les pouliches. Frou-Frou. Fétiche. Et Fanfaronne.

Fanfaronne qui bondissait avec tous ses petits sabots bien rassemblés, d'un seul coup se détendait, jetait sa croupe en l'air, retombait, secouait son toupet, recommençait, me disait: «Viens! on joue!» en courant comme le vent et faisant un écart juste avant de me heurter. «Sorcière! disait le Maître, renarde! Viens que je te fasse un baiser!» Elle mettait son nez dans son cou, lui volait son foulard, s'enfuyait, faisait trois tours de pré, la nuque raide et la queue retroussée, la crinière et le foulard flottants, puis faisait un écart de chevreuil pour avoir croisé un papillon. Fanfaronne! Il disait

« Reine des Pestes », et « Princesse des Bêtises », et « Jument folle, Jument-Fée »… Fanfaronne ? Où es-tu ?
Parce qu'il est venu, l'homme qui m'a appelé du bout du Pré, qui m'a gratté derrière les oreilles, qui a dit « Il est joli, votre petit Selle Français. Il a l'air gentil. Il ferait peut-être un honnête Cheval de Club ». L'homme qui m'a regardé partout avec ses mains pendant que je ne bougeais pas, et avec ses yeux pendant que je jouais avec Fanfaronne. Le Maître a dit Tope-là. Ensuite ils m'ont mis dans le Camion…
Et maintenant je suis ici.

Bienvenue au Club

Ma voisine d'à côté est une jument alezane. J'ai passé la tête par ma porte et j'ai voulu lui dire bonjour ; mais elle m'a dit en couchant les oreilles qu'elle n'avait Pas de Temps à Perdre avec les Freluquets, puis elle a envoyé les dents. J'ai reculé très vite, pendant que quelqu'un riait : « Ça n'a rien de personnel Crac, Mémère est du genre acariâtre ». Ensuite, à travers les barreaux, j'ai voulu dire bonjour à mon voisin de l'autre côté. C'est un bai brun comme moi, mais plus grand. Seulement il a gardé sa tête baissée dans le coin du mur, pour bien montrer qu'il préférait continuer sa sieste. Quelqu'un a dit : « Magicien n'est pas très sociable en ce moment. »
Ensuite les Cavaliers sont partis, et je me suis ennuyé.
Soudain j'ai entendu des chevaux taper du pied dans leur porte, appeler, ronfler, dire « heuheuheu ! », et j'ai compris que c'était l'heure du Casse-Croûte. Petit à petit la Brouette est venue jusqu'à moi, et des choses ont été versées dans un coin de mon box. J'ai mis mon nez dedans. C'était bon ! J'ai tout mangé.

Il faut que je me souvienne :
• Les carottes poussent dans le haut des gens et pas dans le bas.
• Les choses à manger poussent dans une boîte qui est la mangeoire. Dans l'autre boîte, il y a de l'eau qu'on fait pousser en appuyant avec le nez. C'est amusant.
• Les choses à manger sont des Granulés. On les fait pousser en tapant dans la porte.
Ensuite il a fait soleil et chaud, et les moineaux se sont roulés dans la poussière, et j'ai fait la sieste un peu sur mes quatre pieds en laissant tomber ma tête.
J'ai peut-être rêvé de Fanfaronne.

Mes quatre fers en l'air

Plus tard Jambes-brillantes est revenu me frotter le front. Il a dit « Tout va bien ? », il m'a donné un peu de foin qui sentait bon, puis il est parti, et petit à petit, il a fait nuit.
J'avais fini mon foin. J'ai mis mon nez dans la mangeoire, mais il n'y avait plus rien. À travers les barreaux j'ai voulu de nouveau dire bonjour au bai brun, et quand il a un peu tourné la tête j'ai vu qu'il avait une belle étoile blanche sur le front, mais il ne m'a toujours pas répondu. Quand j'ai essayé de dire bonjour à Mémère, elle a envoyé ses pieds de derrière dans la cloison. Alors je me suis couché, et au bout d'un moment j'ai dormi. J'étais un cheval fatigué.
Quand je me suis réveillé, il faisait jour et j'ai voulu me lever. Mais j'ai eu beau essayer et essayer de nouveau, je n'ai jamais pu !
J'étais sur le dos avec tous mes pieds en l'air contre le mur, en train d'avoir très peur, quand une tête s'est montrée à ma porte. Bien qu'il

ait été tout à fait à l'envers, j'ai reconnu Jambes-brillantes. Avec le blanc des yeux je lui ai expliqué que le mur m'avait attrapé et il a dit : « Zut, il est coincé. J'aurais dû y penser, depuis le temps qu'il n'a pas vu un box. Jef ! Tu vas venir m'aider. »

Jambes-brillantes et Jef ont attaché de longues courroies – « Fais attention Jef, et toi tiens-toi tranquille nom d'une pipe, c'est pas de nous fendre le crâne qui va avancer tes affaires » – à un de mes pieds de devant et un de mes pieds de derrière, puis le monde s'est mis à tourner. J'ai dit que j'avais de plus en plus peur en allongeant mon nez et en ronflant, mais soudain j'ai compris que j'étais à l'endroit !

Je me suis secoué et quand toute la paille a été tombée de moi, Jambes-brillantes a dit : « Voyons un peu les dégâts. »

Il a regardé le front de Jef qui saignait et il a dit : « Rien de grave ».

Il a regardé ma fesse qui saignait et il a dit : « Rien de grave non plus ».

Il a mis du qui-pique sur ma fesse et je n'ai presque rien dit. Il a mis du qui-pique sur le front de Jef et lui a crié « aïe ». Je suis un « Brave Cheval » ; Jef est un « ça t'apprendra à faire la litière en bateau. »

Jambes-brillantes m'a frotté le front et il a dit à Jef : « Dès qu'il aura mangé tu le tourneras au pré. On va lui laisser la journée pour se remettre de ses émotions. » Ils sont sortis de mon box et j'ai tapé dans la porte mais Jef a dit, fort : « C'est pas l'heure ! » et il n'y a pas eu de granulés toute de suite.

J'ai appris :

• Il ne faut pas se coucher trop près du mur.

• Les Granulés ne poussent pas la nuit.

• Quand on tape dans la porte, parfois il y a des Granulés et parfois il y a « Ça suffit ! »

Le pré

J'ai mangé les Granulés qui ont quand même fini par pousser dans ma mangeoire, et Jef est venu me passer un licol. Mais j'ai eu peur de retourner dans le Camion qui secoue les chevaux, alors j'ai fait « Arrête ton cinéma grande saucisse » en faisant semblant de me mettre debout avec beaucoup de blanc dans les yeux, jusqu'à ce que finalement je me décide à sortir en dansant un petit peu. Après avoir dansé beaucoup de foulées il y a eu de l'herbe et un Vieux Pommier ! Tout de suite je me suis roulé à fond en me grattant le dos par terre et en mettant tous mes pieds d'un côté puis de l'autre, plusieurs fois. Ensuite j'ai fait le tour du pré en disant avec mon dos : « Je suis libre ! » et avec mon encolure arquée : « Je suis Crac ! » et avec mes pieds de derrière : « Je suis content ! » et j'ai secoué ma crinière pour demander : « Qui veut jouer avec moi ? » Puis j'ai appelé, mais sûrement pas assez fort, car Fanfaronne ne m'a pas entendu. Dans le pré d'à côté deux chevaux, un blanc et un noir, ont répondu avec leur croupe « On ne veut pas jouer avec lui. On ne le connaît pas ». Alors j'ai voulu poser ma tête sur la clôture pour faire le cheval qui s'ennuie et la clôture m'a fait MAL ! J'ai bondi en arrière, en ronflant. Qu'est-ce que c'est que ça ? Dans mon autre pré où il y avait Fanfaronne, Frou-Frou, Fétiche et les poulains, on pouvait poser sa tête sur les clôtures !

Le cheval noir et le cheval blanc se sont dit avec les oreilles « Ne faites pas attention à ce galopin, cher ami ». Moi j'ai voulu attaquer la Clôture et elle m'a de nouveau fait MAL ! J'ai été un cheval très désemparé. Mais pas longtemps, parce que j'ai eu PEUR.

C'est passé sous la Clôture. Ça ressemblait à un cheval, mais c'était beaucoup trop petit… beaucoup trop poilu… beaucoup trop vieux !

Comme je ne savais pas ce que c'était, j'ai voulu le mordre. Alors ça s'est retourné très vite et paf, ça a expliqué à mes côtes avec ses pieds de derrière – ça tape dur ! – qu'il était Kipling, dit Kip, Plus Vieux Poney Shetland de Tout le Département, a Mis en Selle des Générations de Nourrissons, Sacré Carafon mais Toujours Allant et Il y En A Dans Cette Grosse Tête, Dorénavant à La Retraite et Libre de ses Mouvements dans l'Enceinte du Club à Condition de Ne Pas Faire de Bêtises Majeures, et que ce n'était pas un Blanc-Bec comme moi qui allait lui enlever ne serait-ce qu'un Crin de sa Crinière.

Aujourd'hui j'ai appris :

• Si on n'embête pas la Clôture, elle ne fait pas mal.

• Si on n'embête pas Kip, on s'évite Beaucoup de Désagréments.

• Kip peut sortir du pré en passant sous la Clôture. Ma tête aussi, mais le reste de moi, non : j'ai essayé et je me suis enfui en ronflant quand la Clôture m'a mordu le garrot.

Ensuite j'ai fait la sieste, en me chassant les mouches tout seul avec ma queue.

En selle

Aujourd'hui je me suis réveillé, et le mur du box n'avait pas réussi à m'attraper ! Je me suis levé tout seul et j'ai secoué la paille. J'ai appelé Fanfaronne, très fort, mais elle n'a toujours pas répondu. À la place c'est Jambes-brillantes qui est venu, avec une Selle sur le bras et un Filet sur l'épaule.

Ça je sais. La Selle se met sur le dos et le Filet autour de la tête, dont un morceau qui passe dans la bouche. Ensuite le Cavalier monte sur la Selle et il y a les flancs qui chatouillent et « tk tk » et

« allons mon garçon » et parfois les flancs qui piquent, alors il faut sauter avec le Cavalier sur le dos. Mais seulement quand il y a une Barre : sinon il y a « On se calme » et aïe les flancs et la bouche qui tire. Parfois je me trompe.
Et je n'aime plus les Barres.

Premier tour de manège

Jambes-brillantes m'a emmené dans un très grand box avec de la poussière par terre. C'était il y a longtemps, mais je me souviens : c'est le Manège.
Jambes-brillantes m'a mis la Longe et il a pris la Chambrière. J'ai eu peur ! Mais il a dit « Hoooo-là, tout doux mon bonhomme » et quand j'en ai eu assez de Faire le Zouave Ça Te Passera, j'ai trotté en rond et il y a eu « C'eeeest bien » alors j'ai continué. Puis j'ai trotté dans l'autre sens, et il y a eu « Splendide viens donc un peu me voir ». Je me suis approché et j'ai eu une Carotte ! Puis Jambes-brillantes a dit « Passons aux choses sérieuses » et il est monté – « Tout doux mon pépère » – sur mon dos. Il y a eu les flancs qui chatouillent, mais voilà : je n'avais pas eu de Cavalier sur le dos depuis si longtemps, que je ne savais plus du tout ce que je devais faire…
J'ai reculé ; mais Jambes-brillantes a dit « Non ! » à mes flancs.
J'ai trotté très vite avec la tête en l'air ; mais il a dit « Non ! » à ma bouche.
Quand j'ai voulu galoper à fond de train il a encore dit « Non ! » ; quand j'ai mis mes quatre sabots ensemble et ma tête entre mes pieds de devant, de nouveau « Non ! » ; et quand je me suis mis debout (un tout petit peu) sur mes pieds de derrière, toujours « Non ! ».

Finalement j'ai fait quelques pas bien tranquille le temps de réfléchir à ce que voulait Jambes-brillantes, et j'ai eu une énorme Caresse ! J'ai recommencé tout de suite, pour vérifier. J'ai eu une deuxième grosse Caresse… et je ne sais pas comment, tout m'est revenu.

J'ai pris la piste au Trot à Main Gauche et ensuite à Main Droite et j'ai eu des Caresses. J'ai Galopé en partant sur le Bon Pied et j'ai eu encore des Caresses ! Tout content j'ai levé mon dos de derrière et Jambes-brillantes a ri, puis j'ai de nouveau Trotté en Passant dans les Coins et quand j'ai eu Rênes Longues j'ai su que c'était fini. J'avais eu peur qu'il veuille Passer Quelques Barres, mais non (j'aime mieux ça).

Alors la voix de Jef qui disait « Je peux le monter Vincent ? » est descendue de quelque part. J'ai fait un énorme écart et Jambes-brillantes a dit « Bon sang, préviens quand tu es dans les tribunes ! Encore un peu et je me retrouvais par terre ». Jef a redemandé « Je ne peux pas le monter, alors ? » et Vincent a dit « Il a assez travaillé pour aujourd'hui. Tu as fait les cuirs j'espère ? »

Après il m'a raccompagné à mon box sur mon dos et j'ai mis la tête dans la mangeoire. Il y avait des Granulés ! La Selle est partie de mon dos et le Filet de ma tête, mais je ne sais plus comment. Peut-être pendant que je mangeais.

Maintenant je me souviens :

- Les flancs qui chatouillent un peu, c'est pour le Pas.
- Les flancs qui chatouillent plus fort, c'est pour le Trot.
- Un flanc qui chatouille plus que l'autre et le Cavalier de travers, c'est pour le Galop.

Encore quelqu'un ?

J'étais en train d'essayer de dire bonjour à Magicien qui avait la tête dans le coin du mur comme d'habitude quand Vincent est arrivé et il a dit « Crac, voilà Delphine. Delphine, voilà Crac. Qu'en penses-tu ? » et Delphine a dit « Il a une bonne tête, mais oh là là ! Il n'a pas vu une étrille depuis l'année dernière ou quoi ? » Vincent a dit « Excellente initiative », alors Delphine a ouvert ma porte et elle est entrée chez moi.

J'ai mis mon nez dans son cou et elle m'a fait une Caresse, mais ensuite j'ai mis mon nez dans son sac et il m'a mordu ! J'ai sorti la tête très vite et je me suis enfui au fond de mon box, mais Delphine a ri : « Gros malin, si tu mets ton nez sur la brosse en chiendent, forcément ça ne va pas te faire de bien » et elle a commencé à faire ma toilette.

Fanfaronne faisait ma toilette aussi, mais surtout avec ses dents – ça faisait du bien sur la croupe et le garrot ! – tandis que Delphine m'a frotté avec trois sortes de brosses. Je me souviens : il y a d'abord la brosse qui racle, puis la brosse qui gratte, et enfin la brosse qui caresse quand on ne la passe pas à rebrousse-poil. Et ça chatouille ! Il a fallu que je m'applique pour ne pas me mettre à danser, mais frissonner je n'ai pas pu m'empêcher.

Delphine a aussi passé le peigne dans mes crins – « Dis donc Crac, c'est pas du luxe ! » – et je commençais à en avoir assez quand Jef a fait pousser des Granulés dans ma mangeoire. J'ai mis la tête dedans et j'ai fait le cheval qui peut se tenir tranquille encore cinq-dix minutes, même quand Jef a dit « Alors qu'est-ce que ça donne le salon de coiffure ? » et que Delphine lui a lancé une brosse qu'il a rattrapée avec son front en criant « Aïe ! »

Ensuite Delphine a tapoté ma jambe et elle a dit « Ton pied ! » Pendant qu'elle s'occupait de mes sabots je lui ai fait sa toilette de sa croupe, mais pas trop fort, parce que si je mets les dents il y a « Hé, ho, doucement steplaît ! »

Vincent est venu et il m'a dit « Voilà un cheval ! » puis il a dit à Delphine : « Maintenant que tu l'as pansé, tu veux le monter ? » Alors il y a eu la Selle, le Filet, le Manège, le Pas, le Trot, le Galop, les Caresses et les Carottes, tout très bien (pas de Barres) et après Delphine m'a raccompagné jusqu'au box sur mon dos.

La routine

Aujourd'hui, lever, bonjour à Mémère qui m'a montré les dents, bonjour à Magicien qui m'a montré sa croupe, puis Manège avec Jef sur mon dos, tout très bien. Barres : non, Granulés : oui.

Le maréchal-ferrant

Aujourd'hui Manège avec Vincent sur mon dos, tout très bien. Aucune Barre. Il m'a raccompagné chez moi sur mon dos mais au moment d'arriver devant les boxes, j'ai fait un énorme écart, parce qu'un Camion avait poussé dans la cour !

Vincent a dit « Eh bien mon pépère ? C'est le maréchal-ferrant, il faut quand même qu'on te fasse les ongles ». J'ai ronflé en montrant le blanc des yeux pour lui expliquer que les Camions mangeaient les chevaux, mais il ne m'a pas cru. Il a dit « Salut Jean-Michel ! », puis il est descendu de mon dos et il m'a mis dans mon box. Ouf.

Après mes Granulés, j'ai sorti la tête pour regarder. J'ai vu une croupe en l'air : c'était le maréchal-ferrant. Il s'occupait des pieds

de mon voisin, qui avait toujours la tête basse et sa lèvre inférieure pendante. Vincent regardait et Muffin, qui est jaune et qui est un chien, l'aidait à regarder. Ils ont parlé (pas Muffin).
« Toujours une crème, ce Magicien.
– Oui, il est gentil. Trop, en ce moment. Si c'était un être humain, je dirais qu'il est dépressif.
– C'est bien possible – brave cheval Magicien, l'autre postérieur maintenant, voiiiilà – il prend quel âge ?
– Dix-neuf ans.
– Dis donc, bientôt la retraite !
– Pour cet été, je pense. J'essaie de lui trouver un pré. Tu ne connaîtrais pas ça, toi, Jean-Michel, quelqu'un qui aurait un pré, un abri, quelques chevaux pour qu'il ne soit pas tout seul ?
– Je vais voir. Dis donc, c'est une retraite de luxe que tu lui prépares !
– Il l'aura méritée. Le nombre de débutants qu'il a formés, de cavaliers blêmes de trac qu'il a fait gagner, de randonnées qu'il a emmenées ! Jamais un coup de pied, jamais une bêtise, c'est bien simple, tout le monde le réclame.
– Le chouchou du club ?
– Oui. Pourtant, là, tu vois, il en a marre.
– De tourner en rond ? Je le comprends.
– Il est fatigué dans sa tête aussi. Il n'a même pas jeté un coup d'œil à son nouveau voisin, et pourtant ! On dirait un gamin qui le tire par la manche. Je comptais un peu là-dessus pour lui redonner du moral, mais rien. Je le mets au pré, rien, je l'emmène en forêt, rien. Il fait ce que tu lui demandes mais à l'intérieur il n'y a personne. Ça m'embête. Tiens, regarde le petit Crac ! Il a quand même un peu plus de vie dans l'œil, non ? »

Alors ils se sont tournés vers moi. J'étais en train de regarder la chose brillante prendre des morceaux de pied à Magicien, en fronçant le bout du nez parce que je fais toujours ça quand je réfléchis, et ils ont ri. Pourquoi ?

Mes nouvelles chaussures

Au bout d'un moment il y a eu « À ton tour Crac, j'espère que tu vas être un Brave Cheval ». Le maréchal-ferrant, je me souviens : ça ne fait pas mal, juste bizarre dans les paturons quand il tape sur les pieds, et un peu « cling » dans les oreilles. Ce qui m'embête c'est que même en pliant l'encolure très fort je ne vois pas ce qu'il fait, parce qu'il cache tout avec sa croupe en l'air. Mais je voyais Vincent qui était sur son derrière dans l'herbe et qui agitait les jambes en disant : « Mais regarde sa tête ! Regarde sa tête ! Il a pratiquement les oreilles entre les antérieurs ! Je te jure qu'il veut apprendre le métier ! » puis il a essuyé l'eau qui lui coulait des yeux et il a recommencé à respirer, mais il est resté rouge encore un moment. Le maréchal-ferrant a dit : « Voilà, c'est fini. Monsieur veut se regarder dans la glace ? »

Les fers c'est toujours pareil. J'ai les pieds qui sont lourds et qui font du bruit, mais au bout d'un moment je n'y pense plus.

J'ai compris !

Je suis retourné plein de fois au Manège et même un peu sur la Carrière, qui est comme le Manège mais sans les murs et avec du sable par terre au lieu de la sciure.

J'ai eu Vincent sur le dos, et Jef, et Delphine, et il y a eu le Pas et le Trot et le Galop et le Cercle en engageant bien le postérieur (ça tire dans le dos mais « ça revient vite, on dirait ») et encore d'autres fois l'Épaule En-Dedans, qui est marcher droit avec les pieds de derrière en même temps que de travers avec les pieds de devant. C'est difficile mais quand j'ai fait Quelques Foulées Correctes il y a « C'est bien, caresse ! »

Toujours pas de Barres.

Les granulés continuent de pousser dans la mangeoire et l'eau dans la buvette. Mémère essaie toujours de me mordre et Magicien continue de dire qu'il a Tellement Sommeil. Je suis presque un cheval tout seul sauf qu'il y a un peu Kip. Il vient devant mon box et je lui fais sa toilette de la crinière et du dos (plus bas je n'arrive pas) avec les dents. Quand il en a assez, Kip dit qu'on fera Peut-être Quelque Chose de Moi, puis il s'en va voir si Quelqu'un n'aurait pas Oublié des Granulés Quelque Part. Quand Kip n'est pas là je suis un cheval absolument tout seul, sauf les moineaux qui se roulent dans la poussière, alors quand je ne mange pas je réfléchis.

J'ai compris :

• Vincent qui a les jambes brillantes (mais pas toujours) est aussi « Patron » et « J'ai compris chef ». Quand il monte sur mon dos j'ai envie de faire Tout Très Bien. Quand Vincent parle, Jef obéit, Delphine obéit, et Muffin aussi, sauf quand il a fait une Bêtise : alors il se met sur le dos en faisant Pattes en l'air (mais les autres, non). Il n'y en a qu'une qui dit « Oui on en reparlera » et qui s'en va, c'est Zoé.

• Zoé qui est aussi « Enfin Chérie » et « La Patronne des Poneys » n'a jamais été sur mon dos, mais elle me fait parfois une Caresse sur le nez quand elle passe devant mon Box, et dans son œil il y a quelque chose qui me fait penser à Fanfaronne. Zoé est un Petit

Modèle, mais quand elle parle, Vincent qui fait d'abord semblant de ne pas avoir entendu finit toujours par obéir. Jef obéit tout de suite, Delphine aussi, et Muffin fait mine qu'elle lui demande de jouer. Des fois ça marche.

• Jef qui est aussi « Jean-François nom d'une pipe » et Delphine qui est aussi « Delphinounette sans te commander » jouent beaucoup tous les deux, comme les poulains. Quand ils sont sur mon dos la plupart du temps j'ai envie de faire Tout Très Bien, mais de temps en temps je ne sais pas pourquoi, je sens une Bêtise qui vient. Et si Jef ou Delphine parlent à Muffin, il fait semblant qu'il se cherche une puce, ou bien il reste assis sur son derrière et il rit avec toute sa langue rose dehors et ses yeux à moitié fermés.

Aujourd'hui Muffin a essayé de prendre mes Rênes avec ses dents pour me sortir de mon Box, mais je lui ai dit « Dégage ! » avec mes oreilles tout à fait en arrière, et il est parti raconter « Ce cheval veut me tuer » avec sa queue entre ses pieds de derrière. Vincent a ri. Ensuite j'ai essayé de dire « Dégage ! » à Jef qui était là mais il a répondu « Ben Cracounet ? » et Vincent a ri de nouveau. Quand j'ai vu que ça ne marchait pas j'ai mis mon nez dans le cou de Jef qui m'a gratté le front en disant « T'es trop câlin, toi ».

Chapitre 2

SEPTEMBRE

Je ne comprends plus du tout.

Je croyais que dans le Club je connaissais tous les Cavaliers. Mais non !

Aujourd'hui plein de Voitures sont arrivées dans la Cour du Club, et des quantités de Cavaliers en sont sortis. Ils ont couru partout avec des Selles sur le bras et des Filets sur l'épaule en disant :

« Ah, ça va faire du bien de remonter à cheval !

– Oui, c'est ce qui me console d'être rentré de vacances.

– Mémère, l'été ne t'a pas rendue plus aimable, on dirait.

– Donne ton pied Magicien.

– Bisou, ma parole, tu as encore grossi…

– Et lui c'est qui ?

– Qui lui ?

– Dans le box de Jackpot ?

– Eh bien, ça doit être Jackpot.

– Mais non. Jackpot est parti à la retraite au mois de juin.
– Ah bon ?
– C'est un nouveau alors ?
– Un nouveau !
– Où ça un nouveau ? »

D'abord j'ai un peu reculé au fond de mon box quand ils ont passé la tête par ma porte tous en même temps, mais au moment où je m'approchais pour mettre mon nez dans un cou, quelqu'un a crié « On va être en retard ! » et…

Ils sont tous partis, et les chevaux aussi, en faisant énormément de bruit sur les pavés, et moi je suis resté.

Alors j'ai tendu la tête et j'ai appelé comme un fou, parce que je ne voulais pas rester tout seul ! La dernière Cavalière qui avait des crins très sombres s'est retournée. Elle a dit « On revient, petit cheval ». Puis elle a disparu.

J'ai été tout seul longtemps, jusqu'à ce que Kip, qui était parti voir si Quelqu'un n'avait pas Oublié des Granulés Quelque Part, soit revenu. Il m'a dit : « Blanc-Bec, prends-en de la graine. Après la Reprise il y a les Carottes. Avant, non ».

Juste à ce moment les Cavaliers sont revenus avec les chevaux, Kip avait raison : il y a eu les Carottes. Lui en a eu trois, dont une qu'il a volée dans un Sac, et moi j'en ai eu plusieurs, et aussi « Alors voilà Crac ! », des Sucres, « Il est joli ! », du Pain Rassis, des Pommes, « Tu es mignon », des Caresses, et deux choses très petites qui sont des Bonbons – c'est difficile parce que je les perds dans ma bouche.

J'aime la Reprise, je crois.

Ma Première Reprise

Plusieurs fois des Cavaliers sont venus et ont Sellé et Bridé des Chevaux qu'ils ont emmenés en Reprise, mais moi non : j'ai juste eu les Carottes, les Pommes et le Pain qui craque. Mais aujourd'hui ma porte s'est ouverte et ma Selle et mon Filet sont entrés sur la Cavalière aux crins sombres. Comme c'était la première fois qu'elle entrait chez moi, je me suis enfui au fond de mon box et elle a dit « Ça c'est un cheval qui a très peur, bien sûr » puis elle a posé la Selle et le Filet, et elle est restée sans bouger en me tournant lc dos.

Je me suis approché tout doucement et comme elle ne bougeait toujours pas, je lui ai donné un petit coup de chanfrein entre les deux épaules ; alors elle s'est retournée tout doucement aussi et nous nous sommes dit bonjour en nous soufflant dans les naseaux, et j'ai été tout à fait rassuré. Elle était en train de faire ma toilette et moi un peu la sienne (sans les dents !) quand Vincent a montré sa tête et a dit « Alors Véro, qu'en penses-tu ? Il est un peu vert bien sûr, mais je crois qu'il a des dispositions ». Véro a répondu « En tout cas il est mignon comme tout » et je me suis laissé habiller sagement, puis je suis parti avec les autres chevaux jusqu'au Manège, avec ma Cavalière qui marchait à côté de moi. Jusque-là la Reprise ça va.

Sur la ligne du milieu

La Reprise est très difficile !

Il y a énormément de Chevaux, cinq je crois, et je dois laisser ma Cavalière me ressangler et monter sur moi et pendant ce temps-là JE NE DOIS PAS ALLER LEUR DIRE BONJOUR !

J'ai d'abord voulu aller dire bonjour à Magicien, et il y a eu « Non ! » J'ai voulu dire bonjour à Mémère qui fouaillait de la queue pendant qu'on la ressanglait, et il y a eu « Non ! » aussi. J'ai voulu dire bonjour à trois chevaux que je ne connais pas et qui sont un alezan comme Fanfaronne mais qui n'est pas une jument, un pie qui d'habitude est beaucoup de portes loin de moi et une baie avec trois balzanes, et finalement Vincent a dit « Je vais te le tenir Véro, ça va simplifier les choses » et « Vas-tu cesser de faire le zouave ? »
Ça j'ai compris.
Mais je ne suis pas sûr d'y arriver.

En selle

Je suis resté assez sage pendant que Véro montait sur moi, surtout que Vincent m'a aidé en tenant mes Rênes bien ferme car c'est vraiment difficile de Pas Bouger avec tous les autres chevaux autour. Puis il y a eu les flancs qui chatouillent et le Pas et le Trot et le Cercle en engageant le Postérieur. Tant qu'on Travaille c'est facile, mais quand il y a « On fait une petite pause rênes longues », j'ai de nouveau envie d'aller dire bonjour aux autres chevaux.
Seulement c'est : « Non ! » (Mémère a même voulu me dire « Dégage » avec un pied de derrière, mais elle a eu « Suffit ! » et une Bonne Tape). Après il y a eu le Galop et encore le Cercle et ça je savais, mais à « Bon, vous les marchez tranquillement puis vous les rentrerez au box » je n'ai plus pu résister du tout : j'ai couru dire bonjour à Magicien.
Alors Mémère s'est ruée vers moi pour me mordre, Pop Star qui est alezan a dit « Panique ! Panique ! » avec le blanc des yeux et il s'est

enfui au triple galop autour du Manège, Bisou qui est pie a levé très fort son dos de derrière (plusieurs fois) et Caprice qui est la jument baie a demandé avec la tête levée : « On joue ? Je voudrais jouer ! » en galopant sur place. Il n'y a que Magicien qui a continué de marcher tranquillement. J'ai eu « Ta place Crac ! » avec la grosse voix et puis on est rentrés avec les Cavaliers qui disaient « Dis donc ils sont en forme », « Ça faisait longtemps que je n'avais pas vu une pareille débandade dans une reprise de Galop 7 », « Le petit nouveau a des dispositions, mais pour mettre de l'ambiance il n'a pas son pareil » et « Comment dis-tu qu'il s'appelle ? »
Je suis Crac !

Le pré des poneys

Aujourd'hui j'ai eu Petite Remise des Pendules à l'heure avec Vincent sur le dos. Puis Zoé est venue avec Muffin et ils ont parlé (pas Muffin) :
« Si Crac veut de la compagnie, le mieux c'est de lui en donner.
– Je suis d'accord avec toi. Entre Magicien qui l'ignore et Mémère qui le terrorise, il doit se sentir un peu seul. Tu penses à quelque chose de précis ?
– Par exemple, lui trouver un copain de pré.
– Oui, mais qui ? Je n'ai pas envie qu'il prenne des coups de pieds.
– Ça, on va éviter Mémère. Et si on le présentait aux poneys ? Ils ne sont toujours pas ferrés aux postérieurs.
– Ça vaut la peine d'essayer. »
Vincent m'a déshabillé et j'ai un peu dansé, comme d'habitude quand je sais qu'on va au pré. Mais ce n'était pas le même pré !

Dedans il y avait Duc qui est Mérens, Câlin qui est Fjord, Hésiode qui est Haflinger et Pinocchio qui est un Poney de Couleur, bien qu'il soit difficile de savoir laquelle, car il y en a beaucoup.
Vincent m'a fait entrer, et les Poneys ont dit « Nous on continue à brouter » en faisant swish avec la queue. Mais dès qu'il a été parti, les Poneys se sont approchés de moi et j'ai cru qu'ils voulaient jouer… mais ils m'ont dit « On ne te connaît pas » et « Dégage » avec leurs dents et leurs pieds de derrière et même leurs pieds de devant !
Je me suis enfui le plus près possible de la Barrière qui fait Mal, et je suis resté là en broutant un petit peu quand les Poneys ne me regardaient pas. Quand Delphine a apporté les granulés, elle a fait « Oh ! » avec sa bouche puis elle a dit « Ben mon pauvre gros, ils t'ont arrangé », et vite elle m'a passé le licol et elle m'a raccompagné dans mon box. Vincent est venu regarder ma crinière un peu arrachée et la marque d'un pied très nette sur ma hanche et il a dit « Rien de grave, heureusement » puis « Qu'est-ce qu'on va en faire ? » avec un gros soupir. J'ai mis la tête dans ma mangeoire : il y avait des Granulés. Je n'avais pas beaucoup d'appétit, mais j'ai tout fini quand même.

Le pré des Dominos

Aujourd'hui Petite Séance de Travail avec Vincent (un peu aïe la hanche) puis Pré. J'ai dansé, mais cette fois-ci parce que je ne voulais pas retourner dans le Pré des Poneys. Heureusement on m'a mis dans le Pré des Dominos qui sont le vieux cheval blanc et le vieux cheval noir copains comme tout. Je leur ai demandé s'ils voulaient jouer, mais ils ont répondu en me montrant leurs croupes

pour dire « On ne te connaît pas ». Heureusement, ils ne m'ont pas donné de coups de pieds. Alors je les ai suivis tout autour du pré, mais plus je les suivais, plus ils s'en allaient ! Vincent est revenu et il a dit « Aïe, aïe, aïe ! Ils sont en sueur, Crac, si tu continues à les harceler comme ça, tu vas me les tuer, malheureux. Je crois qu'on n'a pas encore trouvé la solution » et il m'a raccompagné au box.
Granulés : oui.

Le pré de Caprice

Aujourd'hui Petite Séance de Travail avec Jef (hanche moins raide), puis Pré. J'ai cru qu'on allait me remettre avec les Dominos, mais c'était encore un autre Pré !
Dedans il y avait Caprice, la jument baie avec trois balzanes que je connais de la Reprise. Je me suis approché tout doucement. Caprice m'a demandé avec les oreilles « Qui êtes-vous ? » J'ai répondu en soufflant doucement par les naseaux « Je suis Crac, mademoiselle » et Caprice a été d'accord pour jouer ! Je suis un cheval content !
On a joué à faire semblant de s'enfuir, puis à faire semblant de se battre, puis à faire semblant de ne pas avoir été mis en liberté depuis des années, puis aux Démarrages-Surprise (l'autre doit rattraper) et Vincent qui regardait depuis l'autre côté de la Barrière avait les coins de la bouche tout remontés. Ensuite nous avons brouté. L'herbe n'est pas aussi bonne que celle de mon ancien pré avec Fanfaronne, mais brouter c'est toujours bien.
Ensuite les Granulés sont arrivés. Mais quand je me suis approché Caprice m'a dit « C'est MES granulés » avec ses dents et ses pieds et ce n'était pas pour jouer du tout ! J'ai juste eu le droit de la regarder manger, de loin. Quand Vincent est revenu elle était en train de

tout finir et il a dit « Je m'en doutais ». Il m'a raccompagné au box et j'ai mis la tête dans ma mangeoire : rien ! Mais j'ai tapé dans la porte et des Granulés ont poussé assez vite. J'avais faim.

Projets

Aujourd'hui Zoé est venue et j'ai joué à emmêler ses crins avec le bout de mon nez. Elle a ri et elle a dit :

« Vincent, pourquoi on ne le met pas tout simplement au pré avec Magicien ?

– J'y ai pensé.

– Et ?

– Je ne veux pas qu'il me l'achève. Tu as vu les Dominos ?

– On n'a qu'à attendre lundi, après les reprises du week-end. Avec un peu de chance travailler l'aura calmé. Je le donne aux Galops 6 en plus des Galops 7 ?

– Bonne idée.

– C'est ce que je pensais.

– Enfin Chérie… »

Reprises

Véro est revenue ! Pendant la Reprise elle m'a aidé à ne pas dire bonjour aux autres chevaux en répétant « non-non-non » à ma bouche et mes flancs, parce que tout seul j'ai du mal à m'en souvenir. Ensuite j'ai eu des Granulés. Le lendemain un autre Cavalier est venu, qui est Jean-Louis. J'ai de nouveau voulu aller dire bonjour, mais Jean-Louis a expliqué à ma bouche « J'aimerais mieux pas ». Alors mon dos de derrière a répondu « Si, moi je veux ! » et… Qu'est-ce qui est arrivé ?

Jean-Louis a été par terre!
Il s'est un peu roulé puis il s'est remis debout et il s'est secoué, tout à fait comme un Cheval. Il a fait «Dis donc, celui-là, je ne l'ai pas vu venir» et Vincent a répondu «Apparemment lui non plus, vu sa tête.»
Quand il a eu fini de faire voler la sciure Jean-Louis est remonté sur moi et j'ai essayé de le remettre par terre, parce que c'était amusant, mais il y a eu «Alors là mon bonhomme, pas deux fois» donc j'ai Galopé sur le Cercle, tout très bien.

Aïe mon ventre

Aujourd'hui Jef en ouvrant ma porte a demandé «C'est qui le cheval qui va aller au pré avec son copain Magicien?» mais tout de suite il a fait des plis avec son front et il a dit «Oh là là, c'est pas toi. Zut! Vincent! Viens vite!»
Pendant ce temps j'ai continué à taper mon ventre avec ma tête pour essayer de faire passer le mal qu'il y a dedans. Vincent est arrivé au Grand Galop de Course et il a posé sa tête sur mon flanc mais ça n'a servi à rien. Il a regardé dans mon œil et sous mes lèvres mais ça n'a servi à rien non plus. Il a dit «Coliques comme dans le manuel, pas de bruit abdominal et muqueuses pâles. Zut.» Il est reparti et revenu très vite; il a piqué quelque chose dans mon cou puis il l'a retiré (ouf) et il a dit «Jef, tu le marches tout doucement. Je reviens dans une demi-heure». J'ai marché avec Jef dans la cour et les autres chevaux ont tendu leurs encolures pour me dire bonjour (Mémère pour me mordre) mais je ne leur ai pas répondu, car c'est déjà assez difficile de marcher quand on a mal, et Jef a dit «C'est pas brillant Cracounet».

Au bout de quelques tours de cour Vincent est revenu et il a dit la même chose que Jef. Il m'a à nouveau piqué le cou et ça allait un peu mieux, mais pas beaucoup, et il a dit à Jef « J'appelle le véto, tu continues à le marcher pendant ce temps-là ». J'avais beau marcher tout doucement, je transpirais comme pour l'Épreuve des Quatre Ans : c'est le Mal qui fait ça. Jef me regardait avec le haut de la tête tout froncé, et il ressemblait à Muffin.

Le véto

Je ne suis plus Crac. Je suis un cheval qui a très mal et auquel on peut faire n'importe quoi pendant que le vrai Crac regarde de très loin, peut-être du pré où il jouait avec Fanfaronne. Le Véto a enfoncé son bras dans moi (par-dessous ma queue) puis un tuyau (par-dedans mon nez) et il y a eu une quantité de bruits dégoûtants et plein de choses sont sorties de moi par les deux côtés mais « C'est pas gagné, j'en ai peur ». Par le tuyau de mon nez il a à nouveau fait entrer des choses dans moi et il a dit « Quatre litres d'huile de paraffine, si ça ne le débouche pas on avisera ». Delphine est venue plisser le front aussi et quand Vincent m'a passé une muselière elle a dit « Oh, non, pas le panier, j'aime pas les voir comme ça, si tu es d'accord Vincent je le mets sur copeaux » et Vincent a dit « Je crois qu'il y a un chouchou, là ». Alors Delphine a monté et descendu les épaules plusieurs fois en disant « Alors là, c'est n'importe quoi ».

Pendant que Jef me marchait tout doucement, Delphine a sorti toute la paille de mon box. À la place elle a fait rentrer comme de la sciure, et ensuite moi.

La nuit

D'habitude personne ne vient dans mon box la nuit, mais Vincent est venu une fois, avec un pantalon à rayures, et Zoé une autre fois, avec un pantalon à pois. Tous les deux ont mis leur tête contre mon flanc, mais je ne vois pas pourquoi puisque ça ne sert à rien. Les deux fois il y a eu « C'est toujours pas brillant ». J'ai mal.

Le matin

Le Véto est revenu. Vincent a dit « Non, toujours rien » et quelque chose a été piqué dans moi à nouveau. J'ai mal.

Le midi

Les autres chevaux ont tapé dans les portes, mais pas moi. J'ai mal.

Le soir

J'ai mal.

La nuit

Delphine est restée toute la nuit dans mon box, mais elle n'a pas dormi. Moi non plus. J'ai mal.

Le matin

J'ai mal.

Vincent a dit « Deux jours qu'il est dans cet état, je n'aime pas ça... J'ai une idée. Jef ! Amène le camion devant son box ! »

Delphine m'a passé le licol pendant que le Camion s'arrêtait devant ma porte. Normalement Crac se serait enfui, mais comme il n'était

plus tellement dans moi, le cheval qui avait mal est monté sans faire d'histoires et Delphine a dit « C'est vraiment, vraiment pas brillant. » Vincent a expliqué « Je vais rouler tout doucement. Toi, Delphine, tu montes avec lui, tu lui tiens la tête et tu me dis ce qui se passe. » Il m'a regardé en plissant encore le front et il a ajouté « J'espère juste qu'il va réussir à tenir debout. On aurait peut-être dû essayer hier. »
Le Camion s'est mis à trembler et à bouger. Crac n'aime pas ça mais le cheval qui avait mal a juste fait attention de garder son équilibre. Il y avait des vibrations dans mes sabots qui remontaient dans mes boulets, mes jarrets, mes hanches, mes épaules, mon dos et … et… et alors mon ventre a fait un bruit tellement énorme que j'ai dû tourner la tête pour être sûr que ça venait de moi.
Delphine a crié « Je crois que ça marche ! Roule ! » Mon ventre a continué à faire des bruits terribles et finalement je me suis campé du mieux que je pouvais – c'est difficile dans ces conditions – et j'ai fait un Beau Crottin !
Enfin, il n'était pas si beau que ça et il ne sentait pas très bon non plus, mais d'habitude quand je fais un crottin Delphine dit « C'est bien la peine de te mettre de la paille toute propre » tandis que là elle m'a caressé-caressé en disant « Bravo ! »
J'ai beaucoup moins mal.

Mes granulés !

Je suis revenu dans mon box et j'ai mis la tête dans ma mangeoire – il n'y avait rien ! Vincent a ri et il a dit « Je vois que Crac est de retour » et « Pas tout de suite mon pépère, on te préparera un petit mash demain». J'ai un peu tapé dans la porte, pas très fort parce que, même si j'étais de nouveau Crac, j'étais fatigué, mais quand j'ai vu que rien ne poussait dans la mangeoire, j'ai goûté les copeaux qu'il y avait par terre. Ce n'est pas bon et ça rentre dans les naseaux. Je n'aime pas les copeaux. J'ai faim.

Mes granulés !

Aujourd'hui j'ai tapé dans la porte pour commander les Granulés du matin, mais je n'ai rien eu.

J'ai tapé dans la porte pour commander les Granulés du midi, et j'ai juste eu un tout petit peu de quelque chose de tiède, de mouillé et de très bon, mais vraiment pas assez.

J'ai tapé dans la porte pour commander les Granulés du soir, mais je n'ai à nouveau rien eu.

J'ai faim !

J'ai dit : mes granulés !

Je crois que je n'aurai plus jamais de Granulés. Les autres chevaux tapent dans leur porte et ils en ont plein, et moi j'ai juste eu un petit peu de chose mouillée (mais deux fois). J'ai faim. J'ai essayé de faire semblant de manger les copeaux, rien que pour m'occuper, mais j'ai dû les recracher avec ma bouche et avec mon nez aussi. Kip est venu et je lui ai fait sa toilette du dos et de la crinière, jusqu'à ce qu'il s'en aille voir si Quelqu'un n'avait pas Oublié des Granulés Quelque Part. Mémère ne veut pas que je lui parle et Magicien ne veut pas me parler. Je suis un cheval tout seul – et j'ai faim !

Le jour suivant

Chose mouillée : une fois, Granulés : deux fois, mais pas tout à fait assez. J'ai encore un peu faim.

Le jour d'après

Tous les Cavaliers sont venus pour la Reprise mais personne n'a voulu m'emmener, et en revenant ils se sont tous arrêtés devant moi mais ils ne m'ont pas donné de carottes, ni de sucre, ni de pain qui craque. Une toute petite Cavalière a demandé « Pourquoi il y a un panneau "Ne-don-nez-pas-à-man-ger-à-Crac" ? Il mord ? » et Véro a ri et elle a répondu « Non, il est très gentil mais il a eu mal au ventre ». Puis elle s'est approchée, mais elle ne m'a rien donné non plus, juste des caresses. Pourtant j'étais sûr qu'elle avait une Pomme quelque part dedans elle.
Plus tard, quand tout le monde a été parti, Jef s'est mis sur mon dos pour Un Peu d'Exercice Modéré nous deux tout seuls dans le Manège et j'ai joué à ne pas avoir été mis en liberté depuis des années, sauf que là c'était vrai. Quand on est revenus Jef a dit « Vincent, je crois qu'il est tout à fait en forme ».
Je suis Crac !

Le pré de Magicien

Aujourd'hui Jef est venu me chercher et j'ai dansé jusqu'au pré.
C'était encore un nouveau Pré, et en entrant j'ai bien regardé s'il n'y avait pas de Poneys, mais non : il y avait Magicien qui broutait. Il a continué à brouter quand j'ai couru lui dire bonjour. J'ai fait les Sauts de Mouton, les Démarrages-Surprise, les Coups de Pied à la Lune et la Boxe des Poulains mais il broutait toujours. Alors je me

suis roulé à fond, tous les pieds d'un côté, puis tous les pieds de l'autre, deux fois, je me suis ébroué de la pointe du nez au bout des crins de la queue, et je me suis mis à brouter aussi.
Au bout d'un moment j'ai commencé la toilette de Magicien et il a été d'accord pour se laisser faire, sauf que lui n'a pas voulu mordiller ma crinière. Ce n'est pas grave, parce que les Granulés sont arrivés. J'ai mangé tous les miens, puis j'ai voulu aller voir s'il n'en restait pas un peu à Magicien, et alors il a tapé un pied par terre pour dire « C'est à moi » et je n'ai pas insisté. Zoé qui regardait a dit « Tout ça m'a l'air parfait » et elle est venue par-dessous la barrière. J'ai mis le nez dans son cou et j'ai eu une Caresse. J'ai mis le nez dans sa poche et j'ai eu un Sucre ! J'ai mis aussi le nez dans ses bottes, pour vérifier, mais je n'ai rien eu. J'aime les poches. C'est une bonne journée.

C'est notre Pré à tous les deux

Maintenant, chaque fois que je vais au Pré, c'est avec Magicien.
J'explique notre Pré. Dedans il y a Magicien bien sûr, un vieux Pommier, trop vieux pour donner des Pommes mais très bien pour donner de l'ombre, et un abri. Quand je me gratte contre le vieux Pommier il ne dit rien, mais quand je me gratte contre l'abri ses planches crient, alors j'ai peur et je sursaute et je ronfle : c'est pour jouer. Je suis obligé de jouer avec l'abri, car Magicien ne veut toujours pas jouer avec moi.
Sur trois côtés de mon Pré il y a une Clôture qui fait Mal.
D'un côté elle longe le chemin et je vois passer des chevaux qui emmènent Jef et Delphine dans leurs Prés, et la brouette des Granulés, et au-delà il y a la Forêt où je ne suis jamais allé.

D'un autre côté la barrière longe le pré des Dominos qui disent toujours avec leur croupe « On ne te connaît pas » quand j'appelle « Venez jouer ».
Du côté du grand vent il y a le pré de Caprice, et quand elle est là on joue beaucoup tous les deux le long de la Barrière. Caprice me bat presque chaque fois aux Démarrages-Surprise.
Du côté du vent froid il y a une Clôture qui ne fait pas Mal et parfois je repose ma tête dessus et je joue à être dans mon ancien Pré, sauf que Fanfaronne n'est pas là. Et au-delà de cette Clôture, il y a la Maison.
La Maison est l'Écurie où vivent les Cavaliers. C'est très grand mais moins que le Manège, je crois. Jef et Delphine ont le droit d'y aller un peu le jour, tandis que Vincent et Zoé et Muffin ont le droit d'y aller tout le temps, et la nuit aussi. Mais Vincent et Zoé sont obligés d'ouvrir les portes, alors que Muffin n'a qu'à demander et la porte s'ouvre tout de suite, sauf quand parfois il y a « Tu nous bassines, tu es sorti il y a cinq minutes ». C'est peut-être la Maison de Muffin ?
Dans la Maison il y a aussi un petit chien très étrange que je n'avais jamais vu. Il a des rayures et il saute sur le rebord de la fenêtre où il s'asseoit et crie, pas du tout comme Muffin. Kip m'a dit que c'était un Chat. Si le Chat essaie de prendre mes rênes et de m'emmener, je lui dirai « Dégage » comme à Muffin, mais jusqu'ici il ne s'est pas approché du tout.
Parfois je suis au Pré le soir. En ce moment il y a de plus en plus de soir et de moins en moins de jour, comme c'est déjà arrivé dans mon ancien Pré. Alors tout est noir, sauf les fenêtres de la Maison, et quand ça arrive je pose ma tête sur la Clôture et je

regarde mes Cavaliers dans la lumière. Je ne sais pas pourquoi ; mais je suis content.

Les différents Cavaliers

Au début j'avais beaucoup de mal à m'y retrouver parmi tous les Cavaliers, mais ça vient.

Une chose très importante, c'est qu'il y a les Cavaliers qui montent à cheval et les Cavaliers qui ne montent pas à cheval. Ceux-là disent « Je vais juste regarder cinq minutes » et ils vont dans les Tribunes parler pendant que nous, on Travaille. Quand ils font trop de bruit Vincent dit « Moins fort là-haut s'il vous plaît » et on ne les entend plus du tout.

Beaucoup de Cavaliers qui montent à cheval sont des Cavalières : comme Véro, mais aussi Charlotte, Madame Taillerac qui ne monte que Marquise (quand Madame Taillerac est là il ne faut pas appeler Marquise « Mémère »), Caroline, Lison, Marie et plein d'autres. Mais il y a aussi des Cavaliers et ils sont : Jean-Louis, Clément, Aziz, Monsieur Reverchon, Professeur Plonck et encore des autres.

Pour reconnaître les Cavaliers, on peut regarder leurs Crins qui sont de plusieurs nuances différentes. Il y a beaucoup de Cavaliers bais, très peu de Cavaliers alezans, quelques Cavaliers gris (plus ou moins clair) et pas mal de Cavalières à crins lavés sur les longueurs mais bizarrement plus foncés près de la tête sauf quand il y a « Je suis retournée chez le coiffeur, il était temps ».

Les Cavaliers ne contiennent pas tous la même chose. Par exemple, Véro contient plutôt des Pommes, Clément contient souvent des Carottes, Sandrine contient du Sucre-c'est-plus-pratique, et

Monsieur Reverchon contenait du Pain qui craque, quand il montait encore sur mon dos (je vais raconter). Je n'ai pas encore vu de Cavalier qui contienne toutes ces choses à la fois.
Dommage.

Vous dites, Monsieur Reverchon ?

Reconnaître les Cavaliers, c'est très facile quand on les a sur le dos. D'abord il y a ceux qui sont lourds et ceux qu'on ne sent presque pas, comme Véro où au début je tournais la tête pour être sûr qu'il y avait bien quelqu'un. Mais surtout il y a ceux que je comprends quand ils parlent à ma bouche et mes flancs et mon dos, comme Véro (encore) et Lison et Caroline et Clément et Aziz et Professeur Plonck, et ceux où je ne vois pas bien ce qu'ils essaient de me dire. Parfois je me trompe. Mais dans ces cas-là il y a « Précisez vos aides Monsieur Reverchon » et pas « Ta place Crac ! »
J'avais vraiment beaucoup de mal à comprendre ce que Monsieur Reverchon me disait avec ses jambes et ses mains. Parfois je ne devinais pas du tout, alors je regardais Magicien et je faisais comme lui.
Mais un jour où Magicien n'était pas là, à force de réfléchir j'ai compris que Monsieur Reverchon me disait « Crac, lève ton dos de derrière très fort ». D'abord je ne l'ai pas cru, parce que en Reprise quand on fait ça d'habitude on a « C'est fini ces bêtises ? » Mais comme il a répété plusieurs fois la même chose, finalement j'ai obéi.
Alors il a été à quatre pattes dans la sciure avec l'air pas content du tout ! Vincent a eu les épaules qui se secouaient comme quand il rit, mais il a arrangé sa figure pour avoir l'air sérieux et il a juste dit

« Vos aides étaient peut-être un peu trop précises, Monsieur Reverchon. »
Et comme je l'ai déjà dit, Monsieur Reverchon n'est plus jamais revenu sur mon dos.

Je suis un cheval intelligent

À force de retourner au Manège, j'ai compris beaucoup d'autres choses.
Quand on fait ce que demande le Cavalier, il y a des Caresses et « C'eeeeest-bien », et parfois quand la Reprise est finie des Carottes et des Sucres, bien que le plus souvent il faille attendre d'être au Box.
Mais quand on fait quelque chose que le Cavalier n'a pas demandé, en général il y a « Non ». Par exemple, quand Mémère essaie de mordre l'arrière-train de son Cavalier pendant qu'il a un pied dans l'étrier et l'autre par terre, il y a « Mais ça va pas ! » et une Tape (parfois elle y arrive quand même). Mais les autres choses ça dépend. Le Bond du Dauphin, c'est d'accord un petit peu jusqu'à ce que Vincent dise « Remets-le en avant », et le Coup de Cul c'est pareil, tant qu'on ne lève pas le dos trop haut.
Il y a aussi des choses que les Cavaliers ne demandent pas mais qui sont tout à fait permises, comme à la fin de la Reprise quand on est sur la Ligne du Milieu et que je joue à mordiller la bottine de mon Cavalier ; sauf qu'un jour l'étrier a attrapé mon mors et je suis resté coincé et j'ai tourné-tourné jusqu'à ce que Vincent me décoince, alors maintenant c'est moi qui ne veux plus le faire.
Aussi les Cavaliers (surtout Véro) m'ont appris plein de choses que je savais un peu, mais pas vraiment très bien.

Maintenant je sais l'Épaule En-Dedans, le Cercle au Galop, Marcher à Pas Comptés, et surtout Pas Bouger au Montoir sans du tout aller dire bonjour aux autres chevaux. Ça c'est devenu facile depuis qu'au Pré je peux faire la toilette de Magicien autant que je veux (il ne fait toujours pas la mienne), et jouer avec Caprice tant que je ne touche pas la Clôture qui fait Mal.
Être Cheval de Club ça va.

CHAPITRE 3

OCTOBRE

Les Barres

Je ne veux plus être Cheval de Club !

Aujourd'hui j'ai emmené Clément au Manège. J'aime bien Clément. Je comprends ce qu'il me dit et il contient toujours du Pain qui craque – parfois des Biscuits – et au Box il est d'accord pour que je fasse la toilette de sa figure avec ma langue. Mais pendant la Reprise il y a eu une chose terrible.

J'explique.

D'habitude les Barres sont debout dans un coin du Manège. Au début j'en avais un peu peur, mais comme elles ne bougeaient pas du tout, j'ai réussi à ne pas m'enfuir.

Une autre fois il y a eu une Barre par terre le long de la piste. Mais comme elle restait bien à sa place, j'ai de nouveau réussi à passer à côté et à ne pas m'enfuir non plus.

Seulement, quand je suis arrivé dans le Manège avec Clément, il y avait trois Barres par terre sur la ligne du milieu, avec des rayures méchantes comme ont les Barres, et je suis devenu un peu nerveux. Je suis même allé dire bonjour à Magicien alors que je ne l'avais pas fait depuis des quantités de Reprises ; mais Clément a dit « Holà mon bonhomme », il est monté sur moi en marche, et on a fait des Tours de Piste au Pas et au Trot en Montant dans les Coins tout à fait comme d'habitude.

Ensuite on s'est arrêtés pour écouter Vincent qui disait « Vous allez juste leur faire passer ces trois petites barres au sol, sans les laisser ralentir ni accélérer. Clem, tu commences. »

Clément m'a fait faire un Tour de Piste au Trot et nous avons Doublé sur la Ligne du Milieu. J'ai vu les Barres se rapprocher, se rapprocher et se rapprocher encore mais ouf ! Au dernier moment j'ai réussi à les éviter. Clément a dit « Eh bien Crac ? », Vincent a dit « Eh bien Clément ? », Clément a dit « Je ne sais pas ce qui lui a pris, j'y retourne ». Alors Vincent a réfléchi et dit « Mets-le bien en avant ».

Et tout a recommencé. Quand j'ai vu que je me rapprochais à nouveau des Barres, je me suis mis à transpirer. J'ai de nouveau réussi à les éviter au dernier moment, mais pour ça j'ai dû faire un écart beaucoup plus gros que la dernière fois et Clément a tellement décollé de mon dos que presque il a été dans la sciure.

À ce moment-là Vincent a mis sa bouche d'un seul côté de sa figure comme quand quelque chose ne lui plaît pas, et il a dit « Les autres, vous restez au trot. Clément, tu l'amènes devant ces barres très tranquillement au pas. S'il veut les regarder de plus près tu le laisses faire. » On est venus sur les Barres très doucement. Mais quand elles se sont rapprochées, j'ai fait une demi-pirouette sur les postérieurs et je me suis enfui au galop.

Vincent a plissé le front très fort et il a dit « Je vais vérifier quelque chose. Clem, tu me prêtes Crac cinq minutes ? » et il est monté sur mon dos.

Quand Vincent me demande quelque chose j'ai envie de faire Tout Très Bien, mais les Barres je ne peux pas !

Parce que je sais : j'aurai beau sauter très haut, pousser très fort, trousser mes pieds presque au-dessus de mes oreilles, les Barres vont m'attaquer et me faire Mal, et ensuite il y aura la Cravache et l'Éperon très fort et la Chambrière et parfois la Fourche…

Alors les Barres c'est non.

Avec Vincent sur mon dos je n'ai pas fait d'écart ni de demi-pirouette. Je me suis arrêté net devant les Barres en tremblant et en transpirant et en ronflant. Et quand Vincent m'a dit avec ses jambes « Allez mon petit Crac, vas-y », j'ai tout à fait paniqué.

Je me suis mis debout sur mes jambes de derrière.

Très haut.

Encore encore plus haut.

Plus personne n'a rien dit. Vincent n'a plus bougé. Je ne savais pas de quel côté j'allais retomber.

Devant il y avait les Barres !

Alors Vincent a lâché mes rênes et il s'est laissé glisser par terre. J'ai pu me tourner un peu de côté, je suis retombé sur tous mes pieds et je me suis enfui dans un coin du Manège.

J'allais sûrement avoir une Bonne Correction.

Vincent s'est approché de moi et il a dit « Qu'est-ce qui t'arrive Crac ? » et je me suis fait tout petit contre le Pare-Bottes, mais il m'a vu quand même. Il a pris mes Rênes et il m'a ramené au milieu du Manège.

Je n'ai pas eu de Correction.
Vincent est resté à côté de moi et il a dit « Retour au calme ! » pendant que Clément me caressait l'encolure avec plein de plis sur son front. Pendant ce temps Pop Star s'était mis à faire des Sauts de Mouton avec ses oreilles entre ses pieds de devant, et Véro sur son dos qui essayait de rester bien assise. Mémère toutes dents dehors poursuivait Bisou qui s'enfuyait au galop, en levant bien haut le dos pour la chasser avec ses pieds de derrière. Caprice était en train de voir si elle pouvait faire le tour du Manège rien qu'à reculons. Il n'y avait que Magicien qui se tenait tranquille comme d'habitude, avec son Cavalier qui regardait dans toutes les directions pour deviner qui lui foncerait dessus.
Finalement tout le monde s'est calmé. Les autres chevaux s'étaient bien amusés, mais moi je tremblais encore un peu et je transpirais encore beaucoup. Quand Clément est remonté sur mon dos j'ai même montré le blanc des yeux. Vincent a dit « Marche-le tranquillement cinq minutes, puis demande-lui des choses qu'il sait faire, des épaules en-dedans, par exemple, sans t'approcher des barres surtout. C'est un problème qu'on ne résoudra pas en reprise. » Clément a demandé « J'ai bien cru qu'il allait se renverser, tu comprends ce qui se passe ? » et Vincent a répondu « Je pense qu'il a été monté par un cavalier pas très scrupuleux ».
Clément m'a demandé des Épaules En-Dedans quand j'ai été un peu calmé et ça c'était très bien. Les autres chevaux ont continué à passer les Barres mais pas moi. Pourquoi Clément n'a pas compris tout de suite ?
Les Barres sont le Mal.

Encore les Barres ?

Aujourd'hui j'ai été au Pré avec Magicien et j'ai fait la toilette de sa crinière pendant qu'il continuait à brouter. J'ai joué avec l'abri, mais pas avec Caprice parce qu'elle était au Travail. J'ai eu des Granulés. Il y a eu du Soleil alors je me suis couché pour faire ma sieste, et comme il n'y a vraiment plus beaucoup de mouches j'ai juste dû soulever ma queue une ou deux fois en la laissant retomber toute seule. Même sans Fanfaronne c'était plutôt une bonne journée.

Mais quand tout le monde a été parti, alors que d'habitude Vincent et Zoé rentrent dans la Maison et que je les vois dans la lumière et que ça commence à sentir des Bonnes Choses, ils sont venus avec ma Selle et mon Filet, ils m'ont habillé et nous sommes allés au Manège tous les trois.

Il y avait des Barres partout !

Il y avait des Barres par terre et des Barres en l'air, des Barres avec des petites rayures, des Barres avec des grosses rayures, même des Barres sans rayures du tout. J'ai commencé tout de suite à montrer le blanc des yeux et à transpirer et Zoé a dit « Tu as raison, je ne l'ai jamais vu comme ça ». J'ai essayé de m'enfuir mais Vincent a quand même réussi à monter sur mon dos.

Zoé est restée par terre et avec Vincent on a fait à nouveau des Tours de Piste au Pas, et comme on ne passait toujours pas de Barres je me suis calmé un peu. Puis on est allés tout près des Barres qui sont un Oxer et tout près des Barres qui sont un Droit et je n'ai pas eu très peur. Tant qu'il ne faut pas sauter ça va.

Ensuite Vincent m'a mis au Trot et il m'a emmené sur une Barre qui était par terre. Je n'avais plus tellement le temps de faire un écart, mais j'ai quand même réussi à l'éviter comme j'ai pu.

Zoé a dit « En effet. Mais si tu lui laisses le temps de voir venir ? » et Vincent a dit « Eh bien, ça donne ça » et on est revenus sur la Barre au pas tout doucement. J'ai essayé de faire une pirouette sur les postérieurs mais Vincent a dit « Non » à ma bouche et mes flancs et à mon épaule.

Alors je n'ai plus bougé du tout. Juste tremblé et transpiré et ronflé et montré le blanc des yeux.

On a essayé avec une Barre à petites rayures et c'était pareil.

Avec une Barre à grosses rayures et c'était pareil.

Avec une Barre sans rayures du tout et c'était encore pareil.

Zoé a demandé « Je peux essayer ? » et Vincent est descendu de moi et Zoé est montée à sa place – elle est légère ! – mais ça a été de nouveau pareil.

Finalement Zoé a dit « Ce cheval est terrorisé ». Vincent a réfléchi puis il dit « On ne va pas le torturer plus longtemps. Il est trempé, tu me le rends ? Je vais le marcher un peu et je le passerai sous les infrarouges. »

Je sèche

Vincent et moi on était sous les petits soleils qui chauffent quand Zoé nous a rejoints. Vincent me regardait avec sa bouche d'un seul côté de la figure et quand il a entendu Zoé il a dit « Qu'est-ce qu'on va en faire ? » et elle a secoué les épaules et soufflé très fort. Vincent a continué : « Un cheval qui ne saute pas, ça veut dire pas de reprises d'obstacle, ni de cross. Donc on ne le rentabilise qu'à moitié sur les galops 3 à 7, et il est encore beaucoup trop vert pour les débutants. »

Zoé a caressé mon front et elle a dit « Mais il est mignon » et j'ai joué à essayer de lui voler l'élastique de ses crins avec ma bouche. Ils ont réfléchi un moment puis ils ont de nouveau parlé.
« C'est ma faute. J'aurais dû l'essayer sur l'obstacle.
– Arrête ! Il doit y avoir un moyen de le convaincre que les barres ne vont pas le mordre.
– Et lequel ? L'hypnose ?
– C'est malin. En attendant donne-le aux Galops 4 et 5. On va bien trouver une idée.
– Tu vois, on a intérêt. Parce que sinon on ne peut pas se permettre de le garder. »
Ensuite Vincent m'a fait une Caresse puis il m'a ramené dans mon Box. J'ai mis la tête dans ma mangeoire : il y avait des granulés !

Tout se complique

Aujourd'hui Reprise avec une Cavalière que je ne connais pas. Au Box tout était très bien mais au Manège (pas de Barres), elle s'agitait sur mon dos d'une manière tout à fait curieuse. En réfléchissant beaucoup je me suis dit qu'elle me demandait peut-être un Départ au Galop ! Alors j'ai essayé mais ce n'était pas ça. Elle a recommencé quelque chose de tout à fait différent et j'ai pensé que c'était peut-être une Épaule En-Dedans, mais bizarre ; j'ai essayé aussi, mais ce n'était toujours pas ça. Alors Vincent lui a dit « Sylvie si tu arrêtes de te tortiller dans tous les sens, ça ira mieux ». À tout hasard j'ai fait une Cession à la Jambe et c'était ça ! Drôle de Reprise. Heureusement, quand je suis revenu au Box, il y avait des Granulés.

Rien ne s'arrange

Encore un Cavalier que je ne connais pas ! Tout était très bien à nouveau (pas de Barres) jusqu'à ce que je prenne le Galop : mais alors mon Cavalier était tantôt dans la selle, tantôt quelque part en l'air, et entre les deux il retombait très fort sur mon dos, ce qui fait un peu mal ! Heureusement quand Vincent a dit « Éric, on va travailler en suspension », Éric a arrêté de rebondir et ça a été mieux. Encore une drôle de Reprise. Granulés : oui.

Ça se gâte

Encore une nouvelle Cavalière bizarre ! Celle-là est toute penchée en avant comme si elle voulait me conduire par mes oreilles, alors moi forcément je Tombe sur les Épaules et elle n'est pas contente. Vincent lui a dit « Miss Mallowe ne restez pas à quatre pattes » et elle a répondu « What ? » et après avoir soufflé un peu fort il a dit « On va essayer autrement. Imaginez qu'un fil relie votre bombe à la queue de Crac ». Elle a répondu « I see what you mean » et elle s'est presque couchée sur ma croupe, ce qui était aussi bizarre mais moins désagréable quand même. Granulés : oui.

Tondu !

Aujourd'hui il faisait très beau, et j'avais même un peu chaud avec tous mes poils qui avaient bien poussé. Jef est entré dans mon box avec mon licol et il a dit « Aujourd'hui Crac tu vas chez le coiffeur, comme ton copain Magicien », et il m'a attaché à l'anneau devant mon box. Magicien était aussi attaché devant son box et j'ai tendu la tête pour lui dire bonjour, mais comme d'habitude il n'a pas

répondu. Alors Vincent s'est approché de Magicien avec un petit bâton qui fait énormément de bruit.
J'ai redressé ma tête et pointé mes oreilles comme quand je veux savoir De Quoi Il Retourne, et Kip qui passait par là m'a expliqué que c'était la Tondeuse Blanc-Bec, et qu'il n'y avait Pas De Quoi S'affoler. Puis il est entré dans mon box pour vérifier si je n'avais pas Oublié Quelques Granulés – mais j'avais tout mangé.
Vincent a promené la Tondeuse partout sur Magicien sauf les jambes, et au fur et à mesure que le poil tombait par terre, Magicien devenait un cheval bai clair. Quand le bruit s'est arrêté, Magicien a eu une Couverture sur lui et il a été un cheval à rayures ! Ça n'avait pas l'air de faire mal du tout. Après ça a été mon tour, et j'ai senti qu'en effet juste ça chatouille (parfois ça chauffe). La seule chose embêtante c'est qu'avec ma bouche j'essaie d'attraper les poils qui tombent, mais sans y arriver parce que je suis attaché trop court. À un moment, quand il a fallu me tondre la tête, j'ai dansé un peu, mais Vincent a dit « Passe-moi le coton Jef » et il a mis dans mes oreilles une chose blanche et douce et silencieuse. À partir de là ça s'est à nouveau très bien passé, sauf que Vincent remuait la bouche sans faire de bruit du tout.
Enfin Delphine est passée et elle a dit « Il est joli comme tout une fois tondu, il a exactement la couleur du chocolat au lait ». Jef a répondu « Il serait vert pomme que tu le trouverais toujours magnifique, ton chouchou ». Delphine a dit « Tout le monde n'a pas la chance d'avoir un physique avantageux » et Vincent a ri, mais tout doucement. Ensuite j'ai eu une couverture rien que pour moi et j'ai été un cheval à rayures comme Magicien ! Vincent a dit « Jef, tu

tourneras les deux zèbres au pré, qu'ils aillent salir leurs jolis manteaux qui sortent du pressing».

J'ai emmené Jef par mon licol jusqu'au Pré, en dansant un peu plus que d'habitude parce que la couverture, ça chatouille, et une fois que Jef m'a lâché je me suis roulé par terre en mettant tous les pieds d'un côté puis tous les pieds de l'autre, trois fois. Et comme ça chatouillait encore, j'ai joué à avoir une bête sauvage sur le dos pendant que Magicien se mettait à brouter tranquillement et que Jef disait: «Deux minutes vingt-cinq secondes. Crac, je crois que tu as battu le record du salissage de couverture.»

Je suis Crac!

Et maintenant je vais attraper les feuilles qui tombent du vieux pommier.

Surprise!

Aujourd'hui Reprise avec Zoé sur mon dos et Delphine par terre au milieu du Manège, ce qui n'était pas comme d'habitude. J'ai eu un peu peur qu'il y ait des Barres, mais non!

Delphine jouait avec un tas de choses très amusantes et j'ai eu le droit d'aller les regarder de tout près avec mes yeux et mon nez. Il y avait: un bout de tuyau d'arrosage comme pour remplir le seau, une branche d'arbre comme celles du vieux pommier, et un manche à balai comme pour «Qui m'a fichu toute cette paille sur les pavés?» Au bout d'un peu de Pas et de Trot et de Galop Zoé a dit «Bon, en avant pour la rééducation» et je suis arrivé au trot devant le Tuyau qui était par terre. Zoé m'a dit avec ses jambes «Allez on y va» alors je suis passé par-dessus.

J'ai eu une Grosse Caresse et «C'est bien mon pépère!»

Après c'est le Manche à Balai qui a été par terre. Je suis passé par-dessus aussi, et j'ai encore eu une Grosse Caresse !
Après ça a été la Branche, mais comme elle était toute bizarre et tordue j'ai préféré sauter un peu. Et là, dès que tous mes pieds ont été de nouveau par terre, j'ai eu des choses fantastiques :

- une Énorme Caresse ;
- Zoé qui est descendue de mon dos et qui a desserré la Sangle et qui a dit « Ça c'est Crac, Champion du Monde de Jumping ! » en frottant mon front ;
- des Carottes !

J'aurais bien voulu repasser par-dessus la Branche, mais il y a eu « On va le laisser là-dessus, je lui remets sa couverture et Delphine tu l'emmèneras au pré ? »

Encore une surprise !

Au Pré, je ne sais pas pourquoi, j'avais comme des étincelles dans mon dos et encore plus envie de jouer que d'habitude. Delphine a dit « En forme Crac ! On voit que le temps se rafraîchit, hein ? » Je ne sais pas ce que ça veut dire mais il fallait absolument que je fasse des Démarrages-Surprise et que je donne des Coups de Cul et que je fasse des Sauts de Mouton avec ma tête bien entre mes pieds de devant. C'est bien plus amusant à deux, mais Caprice était au Travail. Alors quand Delphine m'a lâché, à tout hasard j'ai demandé à Magicien s'il voulait jouer en le dépassant à toute allure au Galop, et il a fait un Démarrage-Surprise !
C'est formidable de pouvoir jouer avec un Copain dans le même Pré !
Mais oh là là, il va vite !

Alors j'ai accéléré et j'ai joué à faire semblant de l'attaquer avec mes dents. Il a fait un Demi-Tour et comme j'étais lancé j'ai failli rentrer dans la Barrière qui fait Mal – heureusement j'ai réussi à m'arrêter en m'asseyant sur mes Postérieurs mais j'ai laissé des petites traces de freinage, je crois. Quand je me suis remis dans le bon sens j'ai fait des Sauts de Mouton en secouant la tête et j'ai à nouveau couru vers Magicien. Il était monté sur la toute petite butte qui est dans notre Pré et il m'a dit « Viens me chercher ! » avec sa tête et sa queue bien hautes. Le jeu c'est de le faire descendre et de prendre sa place mais à la troisième fois (ou plus) que je lui disais « Descends de là ! » en lui fonçant dessus, il s'est mis tout à fait debout sur ses pieds de derrière et il est resté...

... longtemps !

C'est une magnifique journée.

Bêtise

Aujourd'hui Éric est venu m'habiller pour ma Reprise et j'avais encore plein d'étincelles dans le dos. Pendant qu'il faisait ma toilette j'ai dit bonjour à Magicien qui n'avait plus sa lèvre inférieure pendante mais les oreilles bien droites et les yeux bien ouverts, et presque il m'a répondu ! Jef qui était là à demandé à Vincent « Il y a longtemps que je n'avais pas vu le vieux Magicien aussi réveillé. Tu crois que c'est ce petit coup de froid, Vincent ? » et Vincent a dit « Je crois plutôt que c'est Crac qui lui redonne du moral. Delphine t'a raconté leurs exploits d'hier ? Même moi j'avais oublié de quoi Magicien avait l'air quand il est en forme. » Puis on a eu une Caresse tous les deux, Magicien et moi.

Ensuite on est allés au Manège et j'avais de plus en plus d'étincelles dans le dos, et dans les jambes, et dans les pieds, et jusque dans la pointe des oreilles. En fait j'avais une énorme envie de jouer. Je sais qu'il ne faut pas jouer quand on a un Cavalier sur le dos, mais parfois c'est difficile. Quand même, je me suis retenu, jusqu'au moment où Pop Star a fait sa Bêtise.

On était tous au trot quand il a fait un écart immense, tellement gigantesque que son Cavalier est tombé, puis deux Sauts de Mouton dont un avec Coup de Cul, et il est revenu sur la piste si vite que quand Vincent a grondé « Pop Star ! » il était déjà à sa place et il a fait les grands yeux du cheval qui ne comprend pas pourquoi il se fait gronder. Mais nous autres chevaux, on ne pouvait plus du tout résister.

Bisou a levé son dos de derrière tout en le vrillant sur le côté, et quand son Cavalier a été à quatre pattes par terre au milieu du Manège, Bisou s'est mis à galoper. Mémère lui a couru après pour le mordre. Voyant ça, Darling s'est souvenue de quand elle était une Jument de Course et elle a commencé à mener le train, pendant que Noctambule traversait tout le Manège en Bonds de Dauphin. À ce moment-là je n'ai plus pu me retenir et j'ai pris le Galop. Éric s'est mis à rebondir sur mon dos et ça m'a fait mal ! Mais pas longtemps, parce qu'il a été par terre. Je ne sais plus très bien comment. J'ai peut-être donné un Coup de Cul ?

Quand nos Cavaliers ont tous été dans la sciure, on s'est mis à galoper comme des fous en jouant à avoir peur de nos étriers qui nous battaient les flancs, sauf Pop Star qui restait bien sage et demandait « Plaît-il ? » avec ses oreilles. Au bout d'un moment Noctambule a marché sur ses Rênes et il s'est fait mal à la bouche, alors il s'est arrêté. Bisou a réussi à donner à Mémère un vrai coup de pied qui a fait « Clac ! » et ils se sont arrêtés aussi. Il n'y a que Darling qui a continué à courir le Prix de Diane, jusqu'au moment où elle a dû décider qu'elle avait gagné et elle s'est arrêtée.

Enfin Vincent a aidé nos Cavaliers à nous rattraper et ils sont tous remontés sur nous. Ils étaient un peu raides et on sentait qu'ils ne nous laisseraient pas Recommencer Notre Cirque, mais on avait assez joué. La bouche de Noctambule saignait, Mémère boitait, Bisou s'était coincé quelque chose dans le dos, Darling transpirait, mais moi j'ai trottiné un peu sur place en levant les genoux très haut, parce que c'était une bonne Reprise !

Encore une Bêtise

Aujourd'hui Reprise avec Miss Mallowe. Comme elle essayait à nouveau de me conduire avec mes oreilles, à un moment j'ai fait semblant d'avoir compris « Crac, lève ton dos de derrière » et pendant qu'elle était dans la sciure en train de dire « Phew ! What a buck ! » j'ai piqué un Petit Galop. Vincent m'a dit « Crac, il ne faudrait pas prendre de mauvaises habitudes » ; mais quand Miss Mallowe a été de nouveau sur moi, elle s'est tenue droite, et tout a été très bien.

Et encore une

Aujourd'hui Reprise avec Sylvie. Elle s'est encore tortillée sur mon dos, alors paf ! Elle a été dans la sciure et j'ai piqué un Petit Galop. Quand elle est remontée sur moi Vincent lui a dit « En ce moment, avec Crac, il est important d'être bien en place » mais de toute façon elle était tellement raide qu'elle ne pouvait plus se tortiller, et tout a été très bien.

Et presque encore une

Aujourd'hui Reprise avec Professeur Plonck. J'ai voulu voir si j'arrivais à le lancer dans la sciure aussi, mais j'avais à peine commencé à lever mon dos qu'il me disait avec ses jambes « Pas de ça mon petit Crac ! » Alors j'ai fait une très belle Épaule En-Dedans et Vincent a dit « Bien joué Professeur, il commençait à prendre de mauvaises manières ». Ensuite tout a été très bien.

À quoi jouent Delphine et Zoé ?

Aujourd'hui Reprise avec Delphine et Zoé. Zoé était de nouveau sur mon dos pendant que Delphine au milieu du Manège jouait avec un tas de choses que j'ai eu le droit d'aller regarder avec mon nez. Il y avait :

- le Tuyau d'Arrosage
- le Manche à Balai
- une Branche (plus grosse que la dernière fois)
- des choses qui m'ont fait éternuer mais Zoé a dit « Pas d'affolement Crac, ce sont des bidons de lessive et ils sont vides »
- et une autre drôle de chose qui était « C'est juste le tapis de mousse de la voltige, Crac, on l'a roulé, c'est tout ».

Après un peu de Pas et de Trot je suis passé par-dessus le Tuyau et j'ai eu une Caresse, puis par-dessus le Manche à Balai et j'ai eu une autre Caresse, puis j'ai sauté par-dessus la grosse Branche et j'ai encore eu une Caresse. Ensuite on a Galopé un peu et alors j'ai fait un saut fantastique par-dessus les Bidons de Lessive et j'ai eu une

Grosse Caresse, puis un autre très beau saut par-dessus le Tapis de Mousse et là j'ai eu :
- des Caresses,
- des « C'eeeest bien »,
- des bisous de Delphine,
- Zoé qui a sauté par terre et qui a desserré la Sangle,
- et des Carottes.

Je voulais encore sauter par-dessus des choses mais il y a eu de nouveau « C'est très bien comme ça, on va le tourner au Pré. »

Je suis l'ami de Magicien !

Au Pré Magicien a été encore d'accord pour jouer ! Mais au bout d'un moment il a dit « Ça suffit » en se mettant à brouter, même s'il n'y a vraiment plus beaucoup d'herbe. Je me suis approché et j'ai fait la toilette de sa couverture. Alors il a levé la tête et il a fait la toilette de mon garrot avec ses dents !
Magicien est mon ami !
Après on a brouté tous les deux et partout où il allait je le suivais avec mon nez contre son flanc et partout où j'allais il me suivait avec son nez contre mon flanc à moi. Je ne sais pas pourquoi mais quand j'ai un Ami j'ai l'impression d'être plus Moi… C'est difficile à expliquer.
Mais c'est une très très bonne journée !

CHAPITRE 4

NOVEMBRE

Magicien où es-tu ?

Aujourd'hui Delphine et Zoé sont venues devant nos boxes à Magicien et à moi, et elles ont parlé.

« Delphine, a dit Zoé, tu vas installer Magicien dans le box à côté de la maison.

– Hein ? Pourquoi veux-tu les séparer maintenant qu'ils sont copains ?

– Et je dois aussi dire à Jef de ne pas les mettre au pré ensemble.

– C'est pas sympa du tout.

– Mais ce n'est pas pour longtemps. »

Alors Delphine a mis son licol à Magicien et elle l'a emmené, avec sa couverture rayée sur le dos.

Il y a eu les granulés de midi, mais Magicien n'est pas revenu.

Ensuite il y a eu la Reprise. Avec Zoé sur le dos j'ai sauté : les tuyaux, les bidons de lessive (maintenant il y en a très haut), le petit

tas de bûches, le tapis de sol roulé en boudin posé sur les chaises du jardin, et j'ai eu des Caresses et des C'eeest-bien et des Carottes, mais quand je suis rentré au box, Magicien n'était pas revenu.
Il y a eu les granulés du soir, puis la nuit, et Magicien n'était toujours pas là. À un moment j'ai appelé « Où es-tu ? » et il a répondu « Je suis là ! », mais il avait l'air très loin.
J'ai déjà perdu Fanfaronne, est-ce que je vais perdre mon autre Ami ?
J'ai essayé de dire bonjour à Mémère, mais elle a envoyé les dents. Alors j'ai été un cheval tout seul. Avec mon nez j'ai fait des tas de paille dans mon box, pour m'occuper. Delphine et Zoé sont venues devant mon box et Delphine a dit « Sans te commander Patronne, il ne faudrait pas que ça dure trop longtemps ton histoire. Au bout d'une seule journée je le sens prêt à se mettre à tiquer et on n'a pas besoin d'un deuxième Bisou. »
Bisou est le cheval pie qui avale de l'air parce qu'il s'ennuie. Est-ce qu'on va le mettre à la place de Magicien ?

Magicien, reviens !

Aujourd'hui il y a eu la Reprise du matin avec Véro sur le dos, puis le Pré – mais Magicien n'était pas là non plus ! J'ai appelé et il a répondu, mais il était encore très loin et il n'est jamais venu. J'ai trotté le long de la Clôture pour voir si à force je ne trouverais pas une Porte. Comme je n'en ai pas trouvé, j'ai mangé mes Granulés, puis j'ai été un cheval triste sans son copain. Quand je suis rentré dans mon Box, j'ai recommencé à faire des tas de paille avec mon nez. Ça occupe mais c'est beaucoup moins bien que Magicien.

J'ai retrouvé Magicien !

Ce matin j'ai bien regardé partout, mais Magicien n'était toujours pas dans son box. Zoé est venue. Elle m'a enlevé mes couvertures, et elle m'a mis des bandes de repos aux pieds de devant avec de la mousse dedans comme on me faisait avant pour monter dans les Camions, et elle m'a emmené au Manège, mais sans Selle sur le dos ni Filet dans la bouche. Je ne comprenais pas du tout. Mais soudain j'ai entendu le grand hennissement qui veut dire « Où es-tu ? » et j'ai répondu « Je suis là ! » et je n'ai plus essayé de comprendre : je me suis mis à trottiner, parce que Magicien était dans le Manège ! Quand on est entrés Zoé m'a ôté ma couverture et elle a débouclé ma longe, alors j'ai couru vers Magicien, qui était avec Delphine au fond du Manège. Mais je me suis arrêté juste à temps.

Entre Magicien et moi il y avait des Barres !

J'ai couru le long des Barres en ronflant pendant que Magicien continuait de m'appeler. Je lui disais « Viens ! » mais il ne pouvait pas venir : Delphine le tenait par son licol.

Alors j'ai été furieux. J'ai galopé à fond de train dans toute ma moitié du Manège en donnant de grands coups de pieds au pare-botte. Puis, comme les Barres étaient toujours là, je me suis roulé dans la sciure, et quand je me suis ébroué Zoé a dit « Si tu veux rejoindre ton copain, mon petit Crac, il va falloir sauter. Honnêtement, je pense que cinquante centimètres, c'est dans tes moyens. »

J'étais très contrarié. J'ai recommencé de trotter mon grand trot de cheval excédé dans toute ma moitié du manège pendant que Magicien continuait de m'appeler. Delphine a dit « Il me fend le cœur, tu crois qu'il va le faire ? » et Zoé a dit « Chut ».

J'ai fait un tour.
J'ai fait un autre tour.
J'ai fait encore un tour.
Et j'ai sauté !
Très haut, en mettant bien mes pieds au-dessus de mes oreilles pour que les Barres ne puissent pas les attraper.
J'ai été près de Magicien !
Delphine l'a lâché et on s'est dit bonjour comme des fous et on a joué !
J'étais content.
Au bout d'un moment quand on a eu fini de se dire bonjour et de jouer Zoé a pris la chambrière et elle a dit « Magicien auuuu Trot ! » Alors Magicien a trotté et moi j'ai fait pareil, juste derrière lui. Delphine a dit « Je vois où tu veux en venir, mais ça ne fait pas beaucoup pour une seule fois ? » et Zoé a dit « Je tente le coup avant qu'il se mette à réfléchir ». Puis Zoé a dit, fort : « Magicien Hop ! » et au lieu de tourner en rond Magicien a sauté les Barres. Alors j'ai fait pareil, en mettant de nouveau bien mes pieds au-dessus de mes oreilles. Mais on dirait que ces Barres-là n'essaient pas de m'attraper.
On a recommencé. Toujours pas aïe les pieds.
On a encore recommencé, tout très bien.
On a recommencé de nouveau. C'est facile !
Enfin Zoé a dit « Ooooh-là ! » et elle a levé la chambrière et Magicien et moi on est allés lui dire bonjour avec nos nez, et on a eu des Caresses et des Carottes. Ensuite Zoé a dit « Il a quand même bien chaud pour un cheval qui a tout de suite passé quatre cavalettis et demi. Delphine tu le ramènes dans son box, tu le

bouchonnes à fond, et moi je t'accompagne avec Magicien. » Puis elle nous a dit « C'est très bien mes pépères, vous êtes de Braves Chevaux » et on a raccompagné Delphine et Zoé à l'écurie au bout de nos longes.

Encore les Barres !

Magicien est de nouveau à côté de moi et j'espère qu'il ne partira plus jamais. Aujourd'hui Delphine est venue l'habiller pendant que Zoé me mettait ma Selle et mon Filet à moi. Elle a encore enroulé de gros bandages autour de mes jambes comme pour monter dans le Camion, mais maintenant je crois que j'ai compris : c'est qu'il va de nouveau y avoir des Barres. Jef qui passait en poussant la brouette s'est arrêté et il a demandé :

« Qu'est-ce que tu vas lui faire sauter, patronne, pour lui emmailloter les jarrets comme ça ? Des chevaux de frise ou des rouleaux de fil de fer barbelé ?

– Pas du tout, Jean-François. C'est pour qu'il ne se fasse pas mal en enjambant les palefreniers.

– Oh, allez. Sans rire ?

– Sans rire, c'est que si par hasard il touche la barre ou s'il se prend les pieds dedans, je ne veux pas qu'il se fasse mal.

– Tu crois qu'il a été barré, donc ?

– Ou il a été barré, ou il a eu un pépin. Ce n'est pas comme s'il pouvait nous le raconter.

– En tout cas, celui qui lui a fait ça, il a dû être déçu du résultat.

– Tu l'as dit. Et c'était d'autant plus dommage de le mettre au refus qu'il a un joli coup de saut.

– C'est vrai ? Je peux venir voir ?

– Quand il sera au point.
– Oh là là, t'es pas drôle… »
À ce moment-là Vincent a dit, très fort : « Jef ! La brouette de fumier, elle va avancer toute seule ? » et Jef a répondu « Bon, les filles, je vous laisse » et il est parti vers la cour, et nous on est allés au Manège.
Quand j'ai vu la Barre, j'ai commencé à danser un peu, mais Zoé est montée sur mon dos et Delphine est montée sur le dos de Magicien et on a fait un peu de Pas, un peu de Trot, un peu de Galop et à force je me suis mis à penser à autre chose. Puis Zoé a dit « Quand tu veux Delphine, je te suis » et Delphine a dit « Bon, eh bien on y va » et on a pris le Trot tous les deux, d'abord Magicien et ensuite moi juste derrière.
Quand j'ai vu que Magicien allait vers la Barre je suis redevenu un petit peu nerveux mais Zoé a dit « Tout doux Crac, sage » avec sa bouche et avec ses mains pendant qu'avec ses jambes elle me disait « On y va, doucement mais on y va ».
Alors Magicien a sauté et moi j'ai sauté juste derrière, en mettant bien mes pieds au-dessus de mes oreilles, et la Barre n'a de nouveau pas réussi à les attraper !
Ensuite il s'est passé une quantité de choses tout à fait agréables. Zoé est descendue de mon dos. Elle a desserré ma sangle et elle m'a fait des Caresses et elle m'a donné des Carottes en disant « C'est bien Crac ! » et « Je suis fière de toi ! » et « Tu es un Brave Cheval ! » tout pendant qu'elle ôtait ma Selle et mon Filet ! Et après j'ai eu le droit d'aller me rouler dans la sciure, alors j'ai mis tous les pieds d'un côté, puis tous les pieds de l'autre, deux fois.

Delphine a dit « C'est incroyable, tu étais pratiquement au-dessus des chandeliers ! » et Zoé a répondu « Je m'y attendais un peu. J'espère qu'à l'avenir il va envisager de passer moins haut, parce que dans le cas contraire les cavaliers vont avoir des sensations inattendues. »

Delphine et Zoé nous ont rhabillés, Magicien et moi, avec nos Couvertures et nos Licols, et on les a laissées nous accompagner au Pré. Comme on avait déjà joué on s'est mis à brouter, mais on a relevé la tête parce que Jef est arrivé presque tout de suite avec des Granulés. Avant de nous les donner il a demandé : « Alors, ça s'est bien passé on dirait ? » et Delphine a répondu « Mieux que ça. Crac est champion du monde de jumping, minimum. »

À ce moment-là j'ai crié très fort.

Je suis Crac, et je n'aime pas attendre mes granulés !

Je suis vraiment un Cheval de Sport !

J'ai compris !

Quand je saute les Barres d'ici, il n'y a pas du tout aïe les pieds, mais des Caresses et des Carottes. J'ai sauté plusieurs fois en suivant Magicien, puis plusieurs autres fois moi tout seul (avec Zoé sur le dos), et ça a été toujours pareil : Caresses, C'eeeest bien, et Carottes, sauf une fois où il y a eu des Sucres.

Aujourd'hui Jef est venu devant mon box alors que Zoé était en train d'emmailloter mes pieds de devant et il a demandé : « Alors Patronne, quand est-ce qu'on aura droit à la démonstration ? » et Zoé a réfléchi puis elle a dit « Aujourd'hui, si tu veux ! » alors Jef a lâché la Brouette et il a couru en criant « Vincent ! Vincent ! On a enfin des places pour le Jumping de Bercy ! »

Quand je suis entré dans le Manège avec Zoé sur mon dos, j'ai vu que Delphine finissait de mettre en place une quantité de Barres. Elle a dit « L'oxer ça te va ?
– Tout à fait, j'aimerais juste un peu plus d'espace entre les barres du triple.
– Ça m'aurait étonnée.
– Pour le droit, en revanche, tu ne touches à rien.
– Encore heureux ».
Ensuite j'ai vu Vincent et Jef dans les tribunes mais ils n'ont rien dit du tout. Zoé et moi on a fait un peu de Pas et de Trot et de Galop et ensuite il y a eu « C'est parti mon petit Crac ». Alors j'ai pointé mes oreilles en avant et j'ai sauté l'Oxer sur le grand côté puis le Droit sur la Diagonale, et on a changé de main et alors j'ai sauté le Triple sur l'autre grand côté, tout très bien, en allongeant un peu le bout du nez quand même comme toujours quand je suis concentré. Puis on s'est arrêtés et Zoé a commencé les Caresses mais à ce moment-là j'ai fait un énorme écart parce que dans les tribunes Jef faisait un bruit en tapant ses pieds de devant et un autre bruit avec sa bouche qui criait « Bravo ! », et j'ai eu peur. Mais Zoé m'a fait d'autres Caresses, Delphine m'a donné des Carottes et alors Jef a crié : « Je peux essayer Patronne ? » Zoé a dit « Quand ce sera ton tour », puis elle est descendue de mon dos, elle a donné les rênes à Delphine et elle lui a demandé : « Tu veux ? »
Delphine a ouvert grand la bouche, puis elle l'a refermée et elle est montée sur mon dos. Elle est un peu plus lourde que Zoé (mais tous les Cavaliers sont plus lourds que Zoé) et au début je me suis demandé si les Barres allaient lui obéir à elle aussi, mais il y a eu « C'est parti », et l'Oxer et le Droit et le Triple, tout très bien.

Delphine est descendue de mon dos. Elle avait un peu plus d'eau dans les yeux que d'habitude, ce qui était très curieux, mais j'ai eu des Caresses et des Carottes quand même, puis la Couverture à la place de la Selle et le Licol à la place du Filet et j'ai su que j'allais au Pré. Delphine m'a emmené et Jef qui marchait à côté de nous a dit « Hé, tu ne m'avais jamais dit que tu savais voler ! » et Delphine a dit « C'est ça, rigole » et Jef a dit « Non je ne blague pas, il a un coup de saut impressionnant, tu dois en être fière de ton Chouchou, allez, mais elle va pleurer ma parole » alors Delphine n'a rien dit du tout mais avec son coude elle lui a donné un grand coup dans les côtes, presque aussi fort que Mémère.
Pendant ce temps-là Vincent disait à Zoé « Beau travail les filles, vraiment ». Alors Zoé a dit « Tu nous prenais pour des amateurs ? » et Vincent a dit « Enfin Chérie » et Zoé a dit « Je plaisantais. Moi aussi je suis contente. »
Enfin on est arrivés au Pré et Magicien était déjà là, et tous les deux on a joué comme des fous ! Ensuite on a brouté un peu. Il faut pousser les feuilles du vieux pommier avec le nez pour trouver l'herbe, et même à ce moment-là, elle n'est pas très bonne.
Mais à part ça, c'est une très bonne journée.

CHAPITRE 5

DÉCEMBRE

Tout va bien

Aujourd'hui Barres avec Vincent sur le dos, tout très bien. Muffin regardait comme d'habitude quand il fait le Maître de Manège (mais il ne dit rien) et quand on est revenus au box Jef faisait pousser les Granulés. Très bonne journée.

Tout va toujours bien

Aujourd'hui Barres avec Jef sur le dos, mais je n'ai pas voulu sauter. Il était en train de dire « Qu'est-ce qui se passe mon petit Crac ? » quand Zoé est arrivée. D'abord elle a fait des plis avec son front mais très vite elle a dit : « Ses protections ! Tu ne lui as pas mis ses protections ! » et Jef a dit « Je vois, Monsieur ne veut sauter qu'avec ses chaussettes » et tous les deux ils m'ont mis mes grosses bandes aux jarrets de devant, et alors j'ai été d'accord pour tout. Je suis un Brave Cheval !

Même si j'ai mes Petites Manies.

J'ai peur

Aujourd'hui Reprise avec Lison sur mon dos.

J'aime bien Lison. Elle a une longue tresse dans le dos et j'ai le droit de la prendre dans ma bouche quand elle fait ma toilette, sauf quand il y a « Aïe, arrête, Crac, tu me tires les cheveux ! » Je ne la connais pas depuis très longtemps, mais je comprends quand même très bien ce qu'elle dit avec ses jambes et son assiette et ses mains. C'est une Jeune Cavalière et Vincent dit « Elle est douée », mais en général il attend qu'elle ne soit plus là.

Cette fois-ci avec Lison on est allés sur la Carrière parce que « On va quand même profiter de ce rayon de soleil », et au début tout a été très bien. Mais alors que j'étais en train de Galoper à Main Gauche, une chose affreuse est apparue dans l'allée.

C'était comme une Brouette mais toute petite et d'une forme monstrueuse, avec quelque chose au-dessus qui flottait et quelque chose dedans qui criait, et ça venait vers moi !

Je me suis arrêté net et je me suis campé sur mes quatre pieds en ronflant et en montrant le blanc des yeux, et Vincent a dit « Crac, c'est une poussette » mais pendant qu'il parlait et que Lison essayait de me faire avancer j'ai dit « Non ! » avec mon dos de derrière et j'ai eu le temps de m'enfuir très loin avant que Lison soit retombée dans le sable. Ensuite Vincent est venu me chercher et on est allés tous les deux regarder la Poussette. J'ai vu que c'était une Brouette avec un tout petit Cavalier dedans, et la maman d'Aziz derrière, et j'ai eu moins peur.

Dommage. C'était amusant.

J'ai encore peur

Aujourd'hui Reprise dans le Manège avec Professeur Plonck sur mon dos. Il y avait une petite Barre mais j'avais mes protections, alors ça allait. Vincent a dit « Attention, il passe très au-dessus » et quand on est redescendus Professeur Plonck a soufflé très fort et il a dit : « En effet, il faut s'accrocher ». On a recommencé plusieurs fois et il n'y a jamais eu aïe les pieds, juste Professeur Plonck qui a dit à un moment : « À l'encontre de toutes les lois de la physique, je vole ! » et qui a ri. J'ai eu des Caresses. Mais alors de la lumière est entrée dans le Manège et j'ai fait un énorme écart pour ne pas passer sur la tache qu'elle faisait par terre. Quand Professeur Plonck a repris son équilibre il a dit « Eh bien, tu as peur d'un rayon de soleil, maintenant ? » et il m'a parlé gentiment. C'est une très bonne Reprise.

Une autre bêtise de Pop Star

Aujourd'hui Reprise avec Sylvie sur le dos. Tout était très bien et je me demandais de quoi je pourrais avoir peur, quand Pop Star a fait une Bêtise que je n'avais jamais vue.

Il a commencé comme un Saut de Mouton avec les quatre pieds et la tête bien ensemble, mais il est monté très haut et à ce moment-là, paf ! Il a lancé les pieds de devant en avant et les pieds de derrière en arrière. Puis il est retombé bien debout et il a continué sa Reprise, sauf que sa Cavalière était dans la sciure. Miss Mallowe s'est relevée et quand elle a eu bien fini de se brosser elle a demandé « Does he do that very often, Vincent ? » et Vincent a répondu « Le Saut de Mouton Écart ? Non, Miss Mallowe, c'est la première fois que je lui vois faire. J'espère qu'il ne va pas essayer de le mettre au point. »

J'étais en train de me dire que c'était une splendide Bêtise quand j'ai vu que Sylvie était dans la sciure aussi.

J'ai dû avoir peur sans m'en rendre compte.

J'ai encore peur

Aujourd'hui Reprise dans la Carrière avec Éric sur le dos, tout très bien. Au troisième tour de Galop, comme je m'ennuyais un peu, j'ai eu l'idée d'avoir peur de la lettre B, tout à fait comme si je ne l'avais jamais vue. Alors au moment où on est passés devant j'ai pris ma tête de cheval effrayé, j'ai fait un énorme écart puis j'ai donné plusieurs Coups de Cul et finalement Éric a été par terre. Il y avait des Cavaliers assis sur les bancs et pendant que je faisais quelques tours de Carrière en levant bien haut les genoux je les ai entendus dire :

« Oh là là, le petit Crac, tu as vu ça ?

– Oui, et ce n'est pas la première fois. Il prend de drôles de manières.

– Moi, il m'a déjà fait le coup. Quand on commence une reprise avec lui, on n'est pas sûr de la finir.

– D'autant qu'il ne prévient même pas.

– Moi, il m'a déposée d'une force ! J'ai mis dix bonnes minutes à reprendre mon souffle.

– Encore heureux qu'il n'y ait pas eu d'accident.

– Ce n'est qu'une question de temps.

– Il n'était pas comme ça quand il est arrivé.

– Non, mais il commence à prendre confiance en lui.

– Et à se muscler le dos.

– Ça promet !

– Le pire c'est que comme on sait qu'il va faire une bêtise on se crispe…
– … et comme on se crispe, il fait une bêtise.
– Avec moi il a eu peur d'une feuille. Je suis restée sur son dos, je me demande encore comment.
– Moi, c'était le chat.
– Et aujourd'hui, c'est la lettre B.
– Qu'est-ce qu'il va encore inventer ?
– Tu sais qu'il a vidé un Galop 7 l'autre jour ? Il faut quand même le faire.
– Moi, avec mon Galop deux et demi, je n'ai aucune chance.
– Dis donc, il en met un temps à se relever, Éric.
– Non, il fait signe que ça va.
– Ouf !
– Pourquoi tous les chevaux ne peuvent pas être comme Magicien ?
– Ah, Magicien…
– Ça c'est un brave cheval. En plus il sait tout faire.
– Et quand il est contrarié il te le dit gentiment.
– Pas avec des grands coups de cul comme ce petit machin à ressorts.
– Pourvu que je n'aie pas Crac à la prochaine reprise…
– Et que moi non plus.
– Ni moi. »

Si on ne peut plus avoir peur…

Aujourd'hui Reprise avec Sylvie. Dans mon box, pendant qu'elle faisait ma toilette, j'ai fait la sienne aussi (sans les dents !) et elle riait, mais pas aussi fort que d'habitude. Caroline qui passait devant le box en portant les affaires de Noctambule lui a demandé

« C'est toi qui as Crac ? » et Sylvie a dit « Oui ». Caroline a répondu « C'est pas de chance, en plus il fait froid » et Sylvie a dit « Merci de m'encourager, déjà qu'il m'a proprement déposée la dernière fois… » Finalement j'ai eu mon Filet dans la bouche et ma Selle sur le dos et je l'ai accompagnée au Manège au bout de mes Rênes.
D'abord tout a été très bien. Vincent disait « Oblige-le à faire attention à toi Sylvie, c'est quand il se déconcentre qu'il fait l'imbécile » et à ce moment on est passés devant la Porte ! J'ai eu peur, tout à fait comme si je ne l'avais jamais vue. J'ai fait un énorme écart et j'ai donné plusieurs Coups de Cul, et Sylvie a été par terre. Au bout d'un moment elle s'est relevée et j'ai vu qu'elle avait mis sa bouche près de son nez, comme elle fait quand elle n'est pas contente. Elle est remontée sur moi (je laisse toujours Vincent me rattraper après quelques Tours de Manège) et à nouveau tout a été très bien jusqu'à ce qu'on passe devant le Tuyau d'Arrosage. J'ai encore fait comme si je ne l'avais jamais vu, et j'ai eu de nouveau peur. Après un énorme écart j'ai donné plusieurs Coups de Cul, et Sylvie a été par terre. J'ai galopé quelques tours de Manège comme d'habitude et j'ai laissé Vincent me rattraper, mais alors les choses se sont passées pas du tout comme prévu !
Vincent a été sur mon dos et j'ai eu une Bonne Correction (deux coups sur les fesses !) et là j'ai été très surpris. Mais je n'ai pas eu le temps de Présenter des Réclamations parce que tout de suite après il a fallu que je fasse un Allongement au Trot puis que je Monte dans les Coins puis que je parte au Galop dans un sens puis que je fasse une Diagonale (il y a eu N'oublie Pas le Coin) et que je reparte au Galop dans l'autre sens puis de nouveau le Trot puis un Demi-arrêt et encore plein d'autres choses avec pas du tout le

temps de souffler ! Quand Vincent est descendu de moi j'avais une quantité de choses dans ma tête qui n'étaient pas comme d'habitude, mais je n'ai pas eu le temps de m'en occuper parce que Sylvie est remontée sur moi. Ensuite, je n'ai plus du tout pensé à avoir peur.

Drôle de Reprise.

Bêtise

Quand Sylvie m'a déshabillé au Box, Vincent est venu et il a demandé « Ça va ? » Elle a répondu « Plus ou moins » et il lui a donné de tout petits granulés qui étaient « Arnica 30 CH, deux toutes les trois heures ». J'ai voulu en manger aussi mais il y a eu « Ça n'est pas pour toi gros gourmand ». Sylvie a crié « Ouille ! » quand elle s'est baissée pour attraper son sac. J'ai eu des Pommes, mais pas tout à fait autant que d'habitude, il m'a semblé, et Sylvie en a donné à Magicien alors qu'elle n'avait pas du tout été sur son dos !

Ensuite Magicien est venu me dire bonjour – on sentait bon la Pomme tous les deux – et il a vu que je n'étais pas comme d'habitude, parce que j'avais encore plein de Choses Difficiles qui se mélangeaient dans ma Tête.

J'ai essayé de lui expliquer les Coups de Cul et les Bêtises mais Magicien ne comprend pas. Il dit que les Bêtises c'est pour le Pré et que le Manège c'est pour le Travail, c'est pas compliqué. Ça je sais. Mais j'oublie, je lui ai dit. Je vois un Chat ou une Porte ou un Rayon de Soleil et je deviens un Cheval qui Joue !

Alors Kip est arrivé et il a dit « Magicien ne peut pas comprendre, Blanc-Bec. C'est un Cheval Sage. Mais je vais te dire une chose :

quand le Cavalier est par terre, le Cheval a plus de soucis et moins de Pommes. Penses-y. »
Puis il est parti voir si Quelqu'un n'avait pas Oublié des Granulés Quelque Part, et ça m'a fait du bien d'avoir Magicien qui me souffle dans les naseaux, parce que jouer vraiment je ne PEUX pas m'empêcher.

Bêtise !

Aujourd'hui Reprise dans la Carrière avec Caroline sur le dos. Je ne connais pas très bien Caroline. Il me semble que d'habitude elle est plutôt sur le dos de Noctambule, mais aujourd'hui il boite, c'est peut-être pour ça. Tout a été très bien et j'ai essayé d'être un Cheval Sage comme Magicien jusqu'au moment où j'ai eu peur (une branche, je crois). J'ai presque réussi à ne pas Jouer mais pas tout à fait : l'écart je me suis retenu, mais partir au grand galop tout droit devant moi j'ai été obligé. Caroline a crié « Au secours ! ». Vincent a dit : « Reprends-le ! Reprends-le ! » Après plusieurs tours de Carrière à fond de train en dérapant dans les virages – plus ça criait, plus je filais ! – j'ai fini par m'arrêter. Caroline qui avait tenu bon est devenue toute molle et elle a été par terre. Elle s'est relevée en se brossant et en disant : « Je ne lui ai pas tiré sur la bouche ! ». Elle avait l'air très contente.
Mais Vincent a levé les yeux très haut, soufflé fort plusieurs fois et dit : « Quand c'est nécessaire, Caroline, je t'assure que tu peux prendre un peu de contact. » Ensuite tout a été de nouveau très bien jusqu'au moment où j'ai eu peur (un merle, je crois) et j'ai fait un Saut de Mouton avec Quart de Tour en l'Air puis un

Départ au Galop mais Caroline était déjà par terre. J'ai essayé de ne pas laisser Vincent me rattraper, mais je n'y arrive jamais parce qu'au bout d'un moment je ne peux pas m'empêcher d'aller lui dire bonjour. Alors il est monté sur mon dos et il m'a demandé une quantité de Choses Difficiles sans du tout me laisser le temps de souffler.
Pourtant j'ai vraiment essayé d'être Sage !

La neige

Aujourd'hui Pré avec Magicien. Depuis plusieurs jours j'ai de nouveau des étincelles du bout de mes sabots jusqu'à la pointe de mes oreilles et c'est très dur de ne pas jouer à avoir peur avec mes Cavaliers sur le dos – d'ailleurs je n'y suis jamais arrivé et ils ont presque tous été par terre, et après Vincent est monté sur mon dos et me faisait faire des Choses Difficiles, et c'est vrai que j'ai eu moins de Pommes.
Heureusement au Pré j'avais le droit de jouer à avoir peur de tout ce que je voulais, et Magicien aussi avait une très forte envie de jouer. On était en train de faire des Sauts de Mouton comme des fous quand tout à coup – un, puis un peu, puis beaucoup – quelque chose de blanc et de doux et de silencieux est tombé du ciel, comme énormément de coton froid, et je me suis arrêté.
Kip qui était là m'a dit « Alors Blanc-Bec tu n'as jamais vu la Neige ? »
Jamais.
Et Magicien avait les oreilles pointées, la tête dressée, et les yeux pleins d'envie de jouer !

« Blanc-Bec, a dit Kip, sache ceci : lors de la Première Neige, les Chevaux sont obligés de jouer ».
J'ai pu rester immobile assez longtemps pour essayer de voir d'où venait la Neige mais même en levant très fort la tête je n'ai rien vu que le ciel, gris comme un cheval gris.
J'ai essayé d'attraper la Neige avec ma bouche mais je n'ai pas réussi.
Alors j'ai recommencé à jouer, car je suis Crac, et il neige !

Tiens, tiens…

Aujourd'hui Reprise avec Miss Mallowe sur le dos. Tout a été très bien jusqu'au moment où j'ai eu peur (le mouchoir de Vincent, je crois) et j'ai fait un ÉNORME écart et Miss Mallowe est partie en l'air. Mais comme j'essayais d'être Sage, je suis vite revenu sur la Piste, tellement vite que Miss Mallowe est retombée – ouch ! – sur mon dos.
Elle n'avait pas été par terre !
J'ai regardé Vincent pour voir s'il allait monter sur mon dos et me faire faire des Choses Difficiles, mais il avait l'air que non. Il a juste mis sa bouche d'un seul côté de sa figure, comme il fait quand quelque chose va de travers mais qu'il n'est pas trop sûr de quoi. Miss Mallowe a dit « I didn't fall this time, or did I ? » et elle m'a fait une caresse, et Vincent a dit « En effet, Miss Mallowe, vous êtes indiscutablement restée en selle. » Puis il a un peu toussé dans sa main et quand j'ai eu de nouveau peur (mon ombre, je crois) j'ai fait attention de rattraper Miss Mallowe et tout a été très bien.
Pommes : trois.

Je me demande…

Aujourd'hui Reprise avec Véro sur le dos (bien Travaillé, pas eu Peur) puis deuxième Reprise, cette fois-ci avec Sylvie sur le dos. Tout a été très bien jusqu'au moment où j'ai vu l'anorak sur la porte et j'ai lancé Sylvie en l'air, mais j'ai fait bien attention à la rattraper. Ensuite on a de nouveau Travaillé sérieusement mais au bout de trois Diagonales en Cession à la Jambe j'en ai eu un peu marre alors j'ai eu de nouveau peur (le même anorak, me semble-t-il) et j'ai encore réussi à la rattraper, mais plutôt avec mon encolure. En tout cas, elle n'a pas été par terre.

Quand elle est revenue dans la selle elle a demandé à Vincent «J'ai fait des progrès miraculeux ou est-ce que ce cheval joue à me lancer en l'air et à me rattraper?» Et Vincent a répondu «Je n'osais pas le dire, mais j'ai un peu la même impression.» Et il n'est pas monté sur mon dos pour me faire faire des Choses Difficiles.

Pommes: beaucoup.

J'ai compris!

J'ai réessayé plusieurs fois et j'en suis presque tout à fait sûr: quand je joue à avoir peur et que mon Cavalier est dans le sable (pas réussi à rattraper Éric), j'ai Vincent qui me fait faire des Choses Difficiles. Mais si le Cavalier reste sur mon dos, alors juste Vincent fait des plis avec le haut de son front et il prend l'air de dire «Toi mon petit Crac, tu vas te tenir à carreau». Et comme ça j'ai eu le droit d'avoir peur:

- du Banc,
- du Chien d'à Côté (là ce n'était pas pour jouer),

- d’un Parapluie (pas pour jouer non plus),
- du Vélo d’Aziz (très peur, toujours pas pour jouer),
- de Lison qui a fait du bruit avec un Bonbon,
- d’un Morceau de Papier,
- de Muffin qui était assis dans un coin,
- de Monsieur Reverchon qui venait dire bonjour,
- d’Aziz qui a éternué,
- d’un Sac en plastique,
- de Jef qui emmenait Câlin au Pré,
- des Baskets de petit Pierre qui n’étaient pas comme d’habitude,
- de Véro qui a allumé une cigarette,
- de Delphine qui était là,
- du Pot de Fleurs,
- et de Catherine qui avait apporté des Gâteaux. Mais elle m’en a donné un à manger et j’ai eu moins peur.

Joyeux Noël

Depuis un petit moment il se passe des choses tout à fait étranges. D’abord la Neige qui était partie est revenue. Cette fois-ci elle est restée par terre et au Pré pour brouter il faut gratter avec le sabot (heureusement il n’y a pas de Neige sur les Granulés) et même alors l’herbe est vraiment très mauvaise. Véro qui était venue nous dire bonjour à Magicien et moi a ri « De vrais mustangs du Wyoming, ma parole ! » et quand on l’a entendue on s’est approchés d’elle en ronflotant, ce qui veut dire « On est contents de te voir, tu n’aurais pas quelque chose à manger ? » Mais elle n’avait rien qu’une chose ronde qui piquait le nez, et on n’en a pas voulu. Alors elle a encore ri : « Je vais vous l’éplucher votre mandarine ! » et l’autre chose qui

était dedans était très bonne à manger une fois qu'on s'était habitués, seulement à ce moment-là il n'y en avait plus.
Une autre chose que je n'avais jamais vue, c'était comme de la paille qui brille sur la porte de mon Box, mais celle-là pas du tout bonne à manger. J'ai voulu essayer: ça pique la langue! J'ai recraché très vite et Jef m'a dit « C'est pas bon les guirlandes Cracounet? »
Encore une autre chose. Un arbre a poussé dans la Maison! Il ressemble aux pins de la Forêt (l'odeur aussi) et il est couvert de choses qui brillent et qui ne brillent plus, qui brillent et qui ne brillent plus. La première fois que je l'ai vu j'ai tendu le cou très fort au-dessus de la Barrière pour approcher mes yeux et j'ai pointé mes oreilles comme toujours quand je veux savoir De Quoi Il Retourne, et Zoé a ri et elle m'a demandé: « Tu n'as jamais vu de sapin de Noël? », puis elle m'a frotté le front en disant « T'es trop mignon petit Crac ».
Et aujourd'hui on était au Pré quand plein de voitures sont venues près de la Maison. Des Cavaliers en sont sortis, mais pas pour monter à cheval. Ils sont tous allés dans la Maison de Muffin et ils se sont assis et il y a eu des quantités d'odeurs de Bonnes Choses et de bruits comme quand les Cavaliers rient et de « Joyeux Noël! » et c'était très amusant à regarder. Au bout d'un moment ils sont remontés dans leurs voitures et ils sont partis. Vincent et Zoé sont sortis pour leur dire au revoir, puis ils nous ont regardés Magicien et moi.
Zoé a dit « Tu ne crois pas qu'ils pourraient avoir des papillotes eux aussi? » et Vincent a remonté les coins de sa bouche, alors Zoé est rentrée dans la Maison. Quand elle est ressortie elle avait dans les mains des choses qui ressemblaient aux Guirlandes et une fois

qu'elle a enlevé le papier qui fait du bruit, dedans il y avait comme des Sucres ! On les a tous mangés Magicien et moi. Puis quand on a compris qu'il n'y en aurait plus j'ai posé ma tête sur le dos de Magicien, et Magicien a posé sa tête sur mon dos à moi, et on est restés comme ça, très bien.
Alors Vincent a dit « Elle n'est pas belle, notre crèche ? » et il a passé son bras autour des épaules de Zoé et Zoé a mis la tête dans son cou.
C'est rare que je voie des Cavaliers se faire leur toilette.
J'aime Noël !

CHAPITRE 6

JANVIER

Et bonne année

Aujourd'hui tous les Cavaliers se font leur toilette sur les deux joues et ils se disent « Bonne Année ! » et ils rient.

« Bonne année, bonne santé !

– Tant que Crac ne me pend pas au nez ! »

Avec Magicien aussi on s'est parlé. Dès qu'on s'est réveillés on s'est dit bonjour avec nos nez. J'ai soufflé dans ses naseaux et il a soufflé dans les miens, et ensuite on a passé la tête par nos portes et on a fait semblant de vouloir se mordre et on a couiné, mais c'était pour jouer. Je suis allé au Manège avec Véro, et Magicien qui était au pré pendant ce temps-là a poussé le grand hennissement qui veut dire « Où es-tu ? » Alors en plein milieu d'une Demi-Volte Renversée en Chassant les Hanches j'ai poussé l'autre grand hennissement qui veut dire « Je suis là ! » On s'est appelés comme ça encore beaucoup de fois, parce qu'on est vraiment de plus en plus

Amis, et au bout d'un moment Vincent a dit « Crac je pourrais en placer une ? » et les Cavaliers ont ri.
C'est une très bonne année.

Un nouveau Cavalier

C'était le matin. La Voiture s'est arrêtée dans la cour, et deux Cavaliers en sont descendus. L'un était une Cavalière, et elle avait le même air fatigué que Noctambule quand il ne veut pas aller travailler ; l'autre était un jeune Cavalier, un peu comme Aziz, ou Alex, et pourtant pas tout à fait pareil – il était très blanc et très maigre, un peu comme s'il était resté longtemps sans voir le soleil et sans manger. La Cavalière a voulu lui prendre le bras, mais il s'est secoué et il a dit « M'man ! Arrête ! » Alors elle a tourné la tête de l'autre côté et elle a soufflé un peu, avec l'air encore plus fatigué.
À ce moment-là Vincent est arrivé et il a dit : « Bonjour Madame Dornier, bonjour Julien ! C'est bien toi l'ami d'Aziz ? Tu es prêt pour ta première reprise ? »
Julien a dit « Oui ! » et Madame Dornier a dit « Je pourrais vous dire un mot en particulier ? » Vincent a répondu « Bien sûr ! » et il a appelé : « Jef ! Tu veux bien emmener Julien à la sellerie ? Il montera Magicien. » Jef a été tout content de laisser tomber la Brouette, comme d'habitude, et Julien est parti avec lui.
Madame Dornier a respiré très fort et elle a dit :
« On lui a proposé un nouvel ordinateur, une batterie, des billets pour le Stade de France... Il n'y a rien eu à faire. Il ne voulait qu'un seul cadeau de Noël : monter à cheval. C'est Aziz qui a dû lui mettre ça dans la tête.
– On dirait que ça vous contrarie ?

– J'ai peur.
– Je ne vais pas vous mentir : les chutes arrivent. Mais il est rare qu'elles soient graves, surtout à cet âge-là.
– Julien a été très malade, Monsieur…
– Appelez-moi Vincent. Très malade ?
– Très. Et d'un seul coup, la chimio s'est mise à agir.
– La chimio ?
– Oui.
– Bien. Et que disent les médecins ?
– Qu'il est en rémission. Que si les choses se maintiennent en l'état, dans cinq ans, on pourra le considérer comme guéri. Il aura dix-neuf ans alors, si tout va bien. Et maintenant il… il veut monter à cheval ! Je ne peux pas lui dire non. Mais j'ai peur. Ah ! Julien, te voilà. Laisse-moi arranger ton…
– Arrête de m'arranger, M'man. »
Vincent a pris son air de quand quelque chose ne lui plaît pas, mais il n'a rien dit. Madame Dornier a regardé vers sa voiture et Vincent a incliné le menton en disant « Vous reviendrez dans deux heures ? » et elle est partie. Même son dos avait l'air très fatigué.
Moi, pendant ce temps-là, j'avais réussi à mettre mon nez dans le cou de Julien qui a sursauté en disant : « Hé, ça pique ! » puis il a souri et il a demandé : « C'est qui, lui ? » en me passant une main sur le nez. Vincent a répondu « C'est Crac ». Julien a dit : « Je peux le monter ? » et Vincent a souri en répondant « Pas aujourd'hui. Je t'ai donné Magicien. C'est un cheval très expérimenté mais il y a une chose qu'il ne sait pas faire, c'est se nettoyer les pieds. Alors pour commencer, et on fait toujours ça avant de monter sur un cheval, on prend ceci qui est un cure-pied, on soulève le sabot, comme ça,

et on ôte tout ce qu'il pourrait y avoir à l'intérieur. Là c'est de la paille et un peu de crottin, mais s'il y avait eu par exemple un caillou, le cheval se serait mis à avoir très mal. Tu veux essayer ?
– Hé ! Il ne veut pas me le donner !
– Oui, et c'est lourd. Il faut lui expliquer de s'appuyer sur l'autre pied. Et pour ça, tu vois, tu pousses un tout petit peu – non, juste un tout petit peu – avec ton épaule et...
– Ça marche !
– Bien sûr que ça marche.
– Et maintenant on lui met la selle ?
– Pas tout de suite. D'abord on lui fait ce qui s'appelle un pansage. Alors tu vois, il y a trois sortes de brosses. D'abord l'étrille... »
Quand Julien a eu fini de faire la toilette et d'habiller Magicien, il était déjà beaucoup moins blanc. Mais quand il est revenu du Manège, plus tard, il était tout à fait rouge et il avait les yeux brillants et il était fier ! Il se tenait très droit, absolument comme Pop Star quand il fait son crâneur. Aziz qui était en train de me laisser lui faire la toilette de sa figure avec ma langue n'a même pas eu le temps de parler que Julien disait déjà : « Aziz, t'es là ! C'est génial ! J'ai même galopé ! Trop cool.
– Les gars, a dit Vincent, le club-house vous offre une tournée de chocolats chauds.
– On y va ?
– Hé, ho, a dit Aziz. D'abord tu desselles ton cheval, tu lui ôtes son filet, tu nettoies le mors...
– Tu veux lui montrer, Aziz ?
– D'accord, Vincent.
– Hein ? Il faut *encore* lui curer les pieds ? »

Ensuite Madame Dornier est revenue, et Julien est monté dans la voiture. J'ai vu à sa bouche qui remuait qu'il n'arrêtait pas de parler et je ne suis pas tout à fait sûr, mais il me semble que Madame Dornier a souri. Ce qui me chiffonne, c'est que quand Julien a enlevé sa bombe pour remettre son bonnet, il m'a semblé qu'il y avait quelque chose de bizarre, mais je ne sais pas quoi. J'étais trop occupé à redire bonjour à Magicien : même si je sais qu'il va revenir, je n'aime pas trop quand il n'est pas là.

Grosse chute

Aujourd'hui Reprise avec Jean-Louis sur le dos. Jean-Louis reste parfois longtemps sans venir et puis « tout d'un coup ça le reprend » comme dit Jef. Moi j'avais mon envie de jouer qui me chatouillait encore depuis la pointe des oreilles jusqu'au bout de ma queue – il faisait beau et froid, ce froid qui donne l'impression de boire l'air et ce soleil qui vous rend content. Je dansais de tous mes pieds sur le chemin du Manège et Jean-Louis a dit « T'inquiète pas mon bonhomme, on est deux à avoir envie de se défouler » et on a vite entamé la Détente au Trot Pour Se Réchauffer. J'ai donné deux Coups de Cul, mais des petits, histoire de m'assouplir le dos, et Jean-Louis a ri et a dit « Ça fait du bien, hein ? »

C'est au Galop que c'est arrivé. Vincent était en train de dire « Jean-Louis rendez-lui un peu de rênes, il est en train de se coincer dans le dos » quand j'ai donné un autre Petit Coup de Cul vraiment pas fort, seulement à ce moment-là Jean-Louis a tiré très fort sur ma bouche et aïe ! Ça m'a tout renversé la tête, et le Mal s'est posé sur mon dos, et pour le faire partir, plus du tout pour jouer, j'ai été obligé de faire un Bond, un Coup de Cul, un Bond – « Lâchez

vos rênes Jean-Louis, lâchez, il va… » – puis un Énorme Coup de Cul, et il est arrivé quelque chose que je n'avais jamais vu.
On était juste avant le virage : mon Cavalier est arrivé tout seul dans le mur, et j'ai entendu un bruit comme quand j'ai presque cassé l'abri. Puis il a rebondi, il est retombé pile devant moi et j'ai à peine eu le temps de sauter en levant tous mes pieds pour ne pas lui marcher dessus, en même temps que je me tortillais en l'air pour ne pas rentrer dans le Pare-Bottes. Quand j'ai été de nouveau par terre je suis allé voir avec mon nez pourquoi Jean-Louis ne bougeait plus.
Vincent s'est approché. Il s'est mis à genoux et il a dit « Ça va ? » Jean-Louis a dit « Pas très bien » avec une voix minuscule, pas du tout comme d'habitude. Puis petit à petit quand même il s'est relevé, et alors j'ai vu qu'il avait un de ses bras qui pendait.
Quand j'étais Cheval de Sport j'ai vu un jour un cheval se relever avec un pied tout à fait pareil. Il a fallu lui faire la Piqûre, et il n'a plus jamais bougé.
Vincent a dit « Asseyez-vous Jean-Louis, on va s'occuper de vous », puis il a parlé dans la petite boîte noire qu'il a toujours à sa ceinture et qui s'appelle « Allô ». Les autres Cavaliers ont encore marché un peu au Pas, puis Zoé est arrivée, elle a pris mes rênes, et on est tous rentrés à l'écurie. Je n'avais pas eu de Choses Difficiles, mais je n'ai pas eu de Pommes non plus. Peut-être que Zoé allait m'en donner mais à ce moment-là une voiture rouge avec des lumières est arrivée dans la cour, et Zoé est allée parler aux gens qui étaient dedans et qui avaient des têtes brillantes. La voiture aux lumières est repartie, et Jean-Louis n'est jamais venu s'occuper de moi.

Est-ce qu'ils lui ont fait la Piqûre ?
Magicien ne sait pas.

Qu'est-ce qui leur arrive ?

Je ne sais pas du tout ce qui se passe.
Les Cavaliers qui viennent dans mon box sont à nouveau tout raides et blancs et ils me disent « Toi t'as intérêt à te tenir tranquille », tout à fait comme s'ils avaient peur. Pourquoi ?
Parfois il y en a un qui se conduit d'une manière à peu près normale mais à ce moment-là un autre Cavalier passe sa tête dans mon box et demande :
« Tu montes Crac ?
– Ben, ça se voit, non ?
– Fais gaffe.
– Oui, je sais.
– Mais tu ne sais peut-être pas sa dernière.
– Quoi donc ?
– Il a envoyé Jean-Louis à l'hôpital.
– Hein ? Qu'est-ce qu'il a ?
– Une fracture de la clavicule et les cervicales déplacées. Il l'a envoyé droit dans le mur.
– Oh là là, Crac…
– Oui, ça a fait exactement ce bruit-là. »
Et alors le Cavalier arrête de me brosser normalement. Il devient tout pas comme d'habitude, il pince les lèvres et il me regarde comme si j'avais fait une Bêtise, alors que non !
C'est pour ça que j'ai été très content quand Julien est venu dans mon box.

Un nouvel ami

Julien est revenu plusieurs fois. Il a toujours monté Magicien, mais à chaque fois il est venu me dire bonjour et j'ai eu le droit de mettre mon nez dans son cou et il a ri. Il est beaucoup moins blanc que quand il est arrivé.

Ce jour-là, comme il était encore très tôt, je finissais de dormir couché de tout mon long et quand Julien a passé sa tête par ma porte, je me suis juste relevé un peu avec mes pieds repliés sous moi. J'ai vu sa bouche faire « Oooh » mais je n'ai pas entendu de bruit du tout, et ses yeux étaient tout ronds aussi.

Il a tendu son bras et il a caressé le haut de ma tête, mais même en se penchant très fort il arrivait tout juste à toucher mon toupet avec le bout de ses doigts. Alors il a réfléchi un peu et il a regardé derrière lui. Je ne sais pas ce qu'il a vu mais il a ouvert ma porte sans faire de bruit, et il est entré sur la pointe des pieds.

Il s'est assis juste devant ma tête et il m'a caressé le front très doucement, très lentement, avec tout le plat de sa main.

J'ai poussé un grand soupir et j'ai fermé un peu les yeux, et Julien a poussé un grand soupir aussi. Alors je me suis tout à fait laissé aller. Je me suis rallongé, et j'ai même étiré tous mes pieds. Julien a continué à caresser mon encolure toujours très doucement, et c'était parfaitement agréable.

C'était une chose d'Ami. Pas comme d'ami Cheval, et pourtant un peu pareil. Mais je n'ai pas réfléchi longtemps parce que je me suis rendormi.

Quand j'ai rouvert mes yeux j'ai vu qu'il y avait deux têtes devant ma porte. L'une était celle de Vincent qui avait mis son doigt devant sa

bouche. L'autre était celle de Madame Dornier qui faisait quelque chose de très difficile. Elle avait de l'eau dans les yeux et le menton qui tremblait, et en même temps elle avait les coins de ses lèvres tout remontés.
Je ne sais pas comment les Cavaliers font ça.

Bagarre

Aujourd'hui Éric est venu dans mon Box. Il m'a mis mes Protections aux pieds de devant et c'est comme ça que j'ai su qu'il y aurait des Barres. Maintenant les Barres ça va très bien, même si je continue à passer plutôt pas mal au-dessus, au cas où ; mais pourtant j'ai senti qu'Éric avait peur, comme presque tous mes Cavaliers (je ne sais toujours pas pourquoi), sauf Véro et Professeur Plonck et Clément et Aziz et Julien, qui lui ne monte pas sur moi.
On est allés sur la Carrière pour Profiter de Cette Belle Journée, et on a commencé par un petit peu de Pas et de Trot et de Galop. Tout a été très bien. J'ai eu un peu peur d'une branche à un moment, mais j'ai juste fait un écart minuscule et surtout j'ai fait très attention de rattraper Éric (sinon, les Choses Difficiles !)
Ensuite Éric m'a emmené sur un petit Droit, et on a sauté, tout très bien encore. Vincent a dit « Caresse, Éric ! » et Éric m'a donné deux grosses caresses sur l'encolure et j'ai senti qu'il se détendait, comme si jusque-là il avait contenu une énorme quantité d'air et qu'enfin il la laissait sortir (ça m'arrive). On a encore sauté deux ou trois fois, puis Vincent a relevé la Barre. Il a dit « Éric, tu as tendance à te pencher trop en avant, mets bien ton poids dans tes talons, on y va ». Mais au moment de sauter Éric

s'est penché très fort sur mon encolure ; du coup je n'ai pas pu lever mon avant-main, et j'ai été obligé de m'arrêter. J'ai vu passer quelque chose entre mes oreilles qui était Éric, et ensuite il a été par terre.
Il s'est relevé. D'un grand pas décidé il est allé vers Caroline qui montait Mémère et il lui a arraché sa Cravache. Puis il est revenu vers moi. Il a empoigné mes Rênes, il a levé la Cravache et…
Vincent l'a attrapé par le col de son chandail. Il avait la bouche toute mince et il ne l'a presque pas ouverte quand il a dit « Tu vas me lâcher ça. Tu vas remonter sur ce cheval et si je te reprends une fois, une seule fois, à te conduire de cette manière, tu ne remets jamais plus les pieds ici. C'est compris ? Commence par te tenir convenablement en selle. Des coups de cravache ! Je t'en donnerais, moi. »
Éric est revenu sur mon dos, sans la Cravache. On est revenus sur le Droit et comme il ne s'est pas penché en avant, tout a été très bien. Je n'avais jamais vu des Cavaliers se battre pour de bon (souvent les jeunes Cavaliers font semblant, comme les Poulains) mais là j'ai bien cru que ça y était, tout à fait comme les Entiers.
On est retournés au Box mais Éric ne m'a pas donné de Pomme. Je voyais que Vincent nous regardait du coin de l'œil depuis l'autre côté de la cour et au moment où Éric a levé la main, il a dû le voir aussi car il l'a abaissée mais pas sur moi. Véro est arrivée et elle a dit « Bonjour Éric, comment est Crac aujourd'hui ? » et Éric a dit : « Comme d'habitude, une carne. Je ne vois pas pourquoi Vincent garde ce cheval, il n'est bon qu'à casser du cavalier.
– Il est jeune, bien sûr. Mais moi je le trouve plutôt prometteur.
– Prometteur de fou furieux, oui.

– Éric, je comprends que tu sois contrarié mais une mauvaise reprise ça arrive à tout le monde.
– C'est ça. Madame la bonne cavalière. »
Véro a inspiré très fort puis elle a dit : « Alors là je t'explique. Je viens monter à cheval pour me détendre. Mais si tu veux que je m'énerve, je vais m'énerver, monsieur le cavalier au petit pied. Chaque fois que tu rates quelque chose, c'est la faute du cheval. Il est trop ci, il est trop ça, il ne comprend rien, il est stupide. Alors je vois deux solutions. Ou tu changes de monture et tu fais du vélo. Ou tu changes d'attitude et tu feras peut-être des progrès. Maintenant, excuse-moi, mais j'ai une reprise, là. »
Éric est parti en claquant ma porte, Magicien a redressé ses oreilles qu'il avait toutes couchées en arrière comme si lui aussi il avait voulu Disputer Éric, puis Véro et moi on est allés au Manège avec les autres et on a fait des Allongements au Trot comme jamais. J'ai eu énormément de Caresses, puis une fois au Box beaucoup de Pommes et une Barre Énergétique à la Cannelle mais ça je n'ai pas aimé, alors j'ai eu une autre Pomme à la place.

Julien n'a pas de crins !

Quand ils sont par terre, c'est très facile de reconnaître les Jeunes Cavaliers d'avec les Jeunes Cavalières (sur notre dos, moins)
À l'écurie les Cavalières sont dans nos boxes et elles nous brossent les crins jusqu'à ce qu'ils soient parfaitement démêlés. Puis elles nous font des nattes, ensuite elles nous pansent jusqu'à ce qu'on soit tout brillants (c'est agréable), puis elles nous passent un dernier coup de chiffon et elles nous font un bisou sur le nez. Si on se

roule dans la paille à ce moment-là elles crient « Oh, non ! T'étais tout propre ! » mais elles sourient quand même.
Les Cavaliers nous font parfois un bisou aussi, mais en se cachant, et le reste du temps ils sont dans la cour assis sur leurs Mobylettes arrêtées et ils jouent à se bagarrer et à qui lancera le plus loin la Baballe de Muffin et ils parlent entre eux avec beaucoup de phrases qui commencent par « Moi ». C'est ce qu'ils étaient en train de faire quand Julien qui portait les affaires de Magicien est passé devant le box de Mémère. Elle n'attendait sûrement que ça, car elle a envoyé les dents et elle lui a arraché son bonnet !
Là j'ai vu quelque chose de très curieux.
Julien n'a pas de crins du tout sur la tête !
Ça arrive aussi aux Cavaliers adultes mais en général il leur en reste un peu derrière et sur les côtés.
Alors les Jeunes Cavaliers se sont mis à se moquer de lui.
« Oh la coupe !
– T'as vu trop de films, Julien !
– Tu te prends pour Kojak ?
– Ou pour Barthez ?
– Crâneur ! »
Julien n'a pas su quoi dire. Il est redevenu très blanc et il a recommencé à marcher vers Magicien, mais plus du tout du même pas, comme si quelque chose le retenait par-derrière. Quand il est passé devant moi j'ai mis mon nez dans son cou, et d'abord il a voulu me repousser mais comme il avait la Selle sur un bras et qu'il tenait le Filet de l'autre main, c'était difficile. Il s'est arrêté et il a ouvert la bouche, mais à ce moment-là c'est Aziz qui a sauté de sa mobylette et qui a dit :

« Vous êtes nuls !
– Hé, c'est lui qui est nul. Il n'a qu'à se défendre.
– Il peut se défendre. Il a été malade, c'est tout. Il est bien plus courageux que vous.
– Courageux ? Tu parles ! Toujours dans les jupes de sa mère ! Il ne monte que Magicien !
– "Jure-moi que tu ne vas pas te faire mal mon chéri !"
– "Promets-moi de ne pas tomber, s'il te plaît..."
– Le petit garçon à sa maman ! »
Aziz avait ses poings tout serrés et il était furieux comme Éric l'autre jour. Je me suis demandé s'il allait prendre une Cravache mais à ce moment-là Vincent est arrivé et les Cavaliers n'ont plus rien dit. Il y en a un qui s'est mis à regarder les pédales de sa mobylette et un autre qui a vérifié la fermeture éclair de son blouson, tout à fait comme Muffin quand il sait qu'il a fait une Bêtise et qu'il se met d'un seul coup à se chercher une puce
« Rien de spécial à faire, les garçons ? a demandé Vincent. Parce que sinon j'ai un camion de paille à rentrer, moi. » À ce moment-là il y en a un qui s'est rappelé qu'il avait du travail pour l'école, et l'autre que sa mère lui avait dit de prendre le pain, et un troisième qu'il était en retard pour le match de foot. Quand ils ont été partis Aziz a demandé :
« Vincent, tu vas les laisser faire ?
– Plus je trouverai d'arguments pour le défendre et plus ils auront envie de le chahuter, Aziz. Il faut qu'on trouve une autre solution mais je vais y réfléchir, je te le promets. Julien ? Ça te dirait de passer quelques barres ?
– Avec Magicien ?

– Oui. Pourquoi ?

– Oh… Rien. »

Alors Julien a poussé un petit soupir, et il est parti. Dommage. Je n'avais pas fini de lui lécher la tête.

CHAPITRE 7

FÉVRIER

Des Barres, encore des Barres

Aujourd'hui Barres avec Aziz sur le dos. On a enchaîné un Parcours qui se terminait par un Triple avec Hop, une foulée Hop, une autre foulée Hop, et quand ça a été On leur fait une petite pause rênes longues Vincent a dit :

« C'est pas mal du tout Aziz. Dis-moi, on est en train de mettre en place un petit concours amical avec le club du village voisin…

– La concurrence ?

– On peut voir ça comme ça ! Qu'est-ce que tu penserais d'y emmener Crac ?

– Moi ?

– Oui, toi.

– Ça serait cool.

– Alors c'est vendu. Tu me refais un passage ? »

On est retournés sur les Barres et on a de nouveau terminé par Hop, une foulée Hop, une autre foulée Hop, mais cette fois-ci Aziz

m'a dit avec ses jambes de galoper comme un furieux alors j'ai couché mes oreilles en arrière, allongé l'encolure, abaissé mon garrot et j'y suis allé à fond. J'ai terminé par trois-quatre Coups de Cul et Aziz a ri. Vincent a demandé :
« Ben alors Aziz qu'est-ce qui t'arrive ?
– Je grille la concurrence au chrono, chef ! »
Et Vincent a ri aussi. Au box Aziz m'a donné beaucoup de sucres, il m'a massé les tendons, il m'a graissé les pieds, puis il m'a emmené brouter en licol avec ma couverture sur le dos. L'herbe est encore très mauvaise, mais elle est meilleure à côté de la carrière que dans mon Pré où Magicien et moi, on a à peu près tout brouté. De loin j'ai entendu Vincent dire à Zoé « En voilà un qui a envie de gagner » puis Zoé répondre « Oui, et qui sait ce qu'il faut faire pour. D'ici qu'on le retrouve dans le box à chanter des berceuses… » Alors Vincent a dit « Enfin Chérie », et tout a été comme d'habitude.

Encore une Bêtise de Pop Star !

Je travaille comme un fou.
Je fais du Dressage et « Tu commences à l'avoir vraiment bien Véro, on va songer à considérer le changement de pied. »
Je fais de l'Obstacle aussi (jamais aïe les pieds) et justement aujourd'hui, Pop Star a fait de nouveau une Bêtise extraordinaire. C'était une petite Barre et il a très bien sauté avec les pieds de devant, mais c'est tout : parce qu'ensuite il a dû décider que ça suffisait, et il s'est laissé retomber sans passer les pieds de derrière. Sylvie s'est retrouvée à plat ventre sur son encolure et elle a dit « Euh, je fais quoi maintenant ? »

Vincent a arrêté de secouer ses épaules, il a remis les coins de sa bouche bien droits, et il a réussi à dire «Tu ne touches à rien» presque sans rire.

Il est allé aider Sylvie à descendre (la tête d'abord) puis tous les deux ils ont mis la Barre par terre, et seulement à ce moment-là Pop Star a bien voulu faire passer ses pieds de derrière par-dessus. Alors tous les Cavaliers se sont mis à faire du bruit avec leurs pieds de devant et à rire, mais pas longtemps, parce que du coup Darling s'est dit que c'était peut-être le signal du départ du Prix de Diane mais Professeur Plonck lui a tout de suite expliqué que non, Noctambule a cherché si Mémère n'était pas là pour recevoir un coup de pied et Éric lui a dit que ça n'allait pas se passer comme ça, et Caprice a encore essayé de voir si elle pouvait faire le tour de la Carrière rien qu'en reculant et Miss Mallowe a eu quelques petits problèmes avant de retrouver la marche avant.

C'était vraiment une magnifique Bêtise. Pourtant moi, les Barres, même s'il n'y a pas aïe les pieds, je pense que plus vite on en est débarrassé mieux c'est. J'ai essayé d'expliquer à Magicien mais lui il n'a jamais eu Aïe les Pieds et il ne comprend pas comment les Barres peuvent monter pour les attraper. Il dit qu'ici les Barres n'attaquent pas les Chevaux. C'est comme ça.

J'aimerais tant croire Magicien!

Mais je suis quand même plus rassuré avec mes Protections.

J'ai un groom

Plusieurs fois Aziz m'a massé les jarrets, graissé les pieds, emmené brouter après la Reprise mais aujourd'hui j'étais en train de Tondre la Pelouse (il me semble que certains brins d'herbe auraient comme

un goût de jeune pousse, mais je ne suis pas tout à fait sûr) près de la Sellerie et Aziz me tenait par mon licol quand il s'est mis à regarder partout autour de lui. Tout à coup il a vu Delphine passer avec la Brouette et il a crié « Hé Delphine !
– Oui Aziz ?
– Tu sais que je participe au concours ?
– Ça me semble difficile de ne pas être au courant.
– Tu ne veux pas être mon groom ? »
Delphine a posé la brouette et elle s'est mise à rire, mais à rire, puis quand elle a eu fini elle a repris les poignées et elle a dit « En tout cas t'as raison d'essayer », puis elle est partie.
Quand Véro est passée Aziz lui a dit :
« Mademoiselle, vous aimez bien Crac ?
– Inutile Aziz, lui a dit Véro, j'ai entendu. C'est gentil mais j'ai un peu passé l'âge d'être groom, vois-tu. En revanche je veux bien lui donner une pomme. C'est plein de fructose, les pommes.
– Ah bon ?
– Absolument. »
J'ai relevé la tête pour manger ma Pomme, en croquant dedans – « Mais pas les doigts ! » – comme je sais bien faire maintenant, et je crois que j'ai bavé un peu sur la manche d'Aziz parce qu'il a frotté son bras en soufflant « Mon blouson ! » et il m'a regardé d'un sale œil, mais pas longtemps parce que de toute façon j'ai recommencé à Tondre la Pelouse : il me semble vraiment avoir brouté quelques brins d'herbe fraîche. Mais minuscules.
Aziz a dû avoir une idée parce qu'il a tiré sur mon licol et on est allés dans la Cour. En baissant fort la tête et en la tournant sur le côté j'arrive à la passer sous la clôture et à brouter un peu de l'herbe

du Petit Paddock, mais c'est beaucoup moins pratique qu'à côté de la Sellerie. Aziz et moi on s'est approchés des Jeunes Cavalières qui étaient en train de Faire Une Beauté à Câlin, le poney Fjord. Il avait déjà les sabots tout brillants, une natte égyptienne à sa queue et sa crinière à moitié taillée, avec le noir qui dépassait bien du reste, et Aziz a demandé : « Hé les filles ! »
Elles ont ri.
« Il n'y en a pas une qui voudrait être mon groom ? »
Elles ont encore ri, en se donnant des coups de coude dans les flancs et en se cachant la figure dans le cou de Câlin et en se regardant du coin de l'œil.
« Pour le concours ? »
Et là une des Jeunes Cavalières a répondu « Aziz, on n'est pas ta bonne » et elle s'est remise à tailler la crinière du Poney, pendant que les autres recommençaient à le panser et à lui natter la queue. Aziz a dit « C'est ça, jouez au Poney de Barbie » mais pas très fort, et il a eu l'air un petit peu découragé. J'ai voulu le remmener vers les bons brins d'herbe près de la Sellerie mais d'un seul coup il a vu Julien qui sortait du box de Magicien et il a dit : « Hé Julien ?
– Quoi ?
– J'arrive. Julien, pour le concours, tu ne veux pas être mon groom ?
– Ton quoi ?
– Mon groom. Ça veut dire que tu vas t'occuper du cheval, le seller, le panser, le soigner, lui donner à boire, des trucs hyper-importants. Si c'était une voiture de course tu serais chef mécanicien, tu vois ?
– C'est pas un truc de fille ?
– T'en vois beaucoup des filles chef-mécanicien ? Et puis il faudra aussi que tu m'aides à monter dessus.

– Pourquoi ? Je croyais que tu savais.
– Oui, mais sans mettre le pied dans l'étrier, tu vois, pour ne pas lui tirer sur le dos.
– Je ne comprends pas.
– Attends, je vais te montrer.
– Tu veux monter dessus, comme ça, sans selle ?
– Juste une seconde. Mais non, tu ne croises pas les doigts, ça n'est pas pour faire la courte échelle. Je lève ma jambe droite, tu vois, comme ça. Toi tu la prends dans tes mains, je compte, et à "Trois" tu me soulèves très fort. OK ? Un, deux… Trois ! »
À ce moment-là Julien a soulevé. Mais il doit être beaucoup plus costaud que quand il est arrivé, parce qu'Aziz est passé par-dessus mon dos et tout de suite il est retombé par terre de l'autre côté, pendant que je continuais à brouter. Il s'est relevé très vite et il a fait comme si rien ne s'était passé (Muffin fait pareil quand Kip lui dit « Dégage de mon herbe » avec ses oreilles en arrière) mais les Jeunes Cavalières étaient toutes pliées en deux à force de rire, et Delphine aussi, et Véro ne riait pas mais elle avait les épaules assez secouées, et Magicien et tous les autres chevaux avaient sorti la tête du box pour regarder avec les oreilles pointées et les yeux tout grands, avec parfois un brin de paille au coin des lèvres. Il n'y a que Vincent qui est resté tout à fait sérieux, sauf que moi je voyais qu'il avait les yeux un peu plissés.
« Tu viens de donner un excellent exemple de ce qu'il ne faut pas faire, Aziz. »
Aziz n'a rien dit.
« Monter à cru dans une cour pavée, bravo. »
Aziz a de plus en plus rien dit du tout.

« Cela étant Julien, si tu veux groomer Crac, et quoi qu'on en dise ça n'est pas spécialement un truc de filles, ça pourrait t'être utile pour ton Premier Galop.
– C'est vrai ? Je pourrais le passer ?
– Absolument.
– Alors d'accord.
– Julien…
– Oui ?
– Pour la mise en selle, contrôle ta force, quand même. »
À partir de ce moment-là Julien m'a emmené brouter. Il m'a démêlé les crins presque un par un, et Jef lui a montré comment réchauffer ses doigts qui étaient tout bleus sous ma couverture, en mettant ses mains sur mes épaules. Je crois qu'il en a profité pour appuyer sa tête un peu longtemps contre mon cou. On était contents tous les deux.
Avoir un ami Cavalier ça n'est pas comme un Ami cheval, mais c'est quand même drôlement bien.

Toujours des Barres

Ces temps-ci j'ai souvent Aziz sur le dos et on continue de passer des Barres de plus en plus difficiles. Un jour il y a même eu un Bidet et je n'ai pas voulu y aller, mais Vincent a dit « Laisse-le s'approcher tout doucement et se rendre compte par lui-même », alors j'ai regardé avec mon nez et j'ai vu que c'était de l'eau. J'en ai profité pour boire un peu, mais là Vincent a dit « Je crois qu'il se fiche de toi, Aziz » et Aziz m'a remmené sur le Bidet, et j'ai sauté.
Je travaille tellement qu'avec les autres Cavaliers j'en oublie presque d'avoir peur, et je n'en ai vraiment pas fait tomber beaucoup ces

derniers temps, mais ils continuent à être tout raides et tout blancs quand ils arrivent dans mon Box. Sauf Julien.

Avant les Barres Julien me fait ma toilette à fond et il me met mes protections : au début il s'est un peu trompé, mais maintenant il a parfaitement compris. Il me met aussi ma Selle et mon Filet et il aide Aziz à monter sur mon dos, puis il vient regarder comment je saute. Ensuite il me déshabille et il me remet ma couverture, il passe sa main le long de mes jambes comme Aziz lui a montré pour vérifier qu'il n'y ait Pas De Bobo, puis il va rincer mon mors à fond sous le robinet en le frottant avec une éponge jusqu'à ce qu'il soit Parfaitement Propre, et une fois qu'il a tout rangé il vient réchauffer ses mains sous ma Couverture comme Jef lui a montré. Un jour qu'il était en train de me seller j'ai entendu Delphine dire à Zoé : « Comment ils s'y croient, les minots ! » et Zoé a répondu « Ça leur fait le plus grand bien ».

Remue-ménage

Aujourd'hui Julien est venu faire ma toilette encore plus à fond que d'habitude. Delphine l'a aidé à me passer à l'aspirateur et au début ça allait, mais quand le bruit s'est rapproché de ma tête j'ai commencé à faire le cheval inquiet même si Magicien me disait en restant tout calme qu'il n'y avait Vraiment Pas De Quoi s'Affoler. À ce moment-là j'ai eu la chose blanche et silencieuse dans les oreilles comme quand on m'avait tondu, et tout a été de nouveau très bien. Puis Julien est monté sur un tabouret et il a commencé à jouer avec ma crinière, le Peigne et les Élastiques comme Delphine lui a montré, mais il a dû très vite s'arrêter parce que moi ce que je voulais c'était lui lécher

la figure, ou jouer avec le Peigne, ou manger un Élastique. Il était en train de dire « Reste tranquille Crac ! » pour la je ne sais pas combientième fois quand j'ai frotté mon front contre lui encore plus fort que d'habitude, et il est tombé du tabouret !
Il a fait comme si de rien n'était, mais Véro qui regardait du coin de l'œil est arrivée et elle a dit : « Avec Crac je crois qu'on ne sera pas trop de deux. Si vous le teniez et que vous le caressiez un peu, je pourrais le pionter pendant ce temps-là sans qu'il se rende compte de rien. »
Véro est montée sur le tabouret et elle m'a regardé avec son œil qui veut dire « Pas de Bêtises ! », alors j'ai fait la toilette du visage de Julien (un peu les cheveux aussi) à fond avec ma langue, pendant qu'elle tripotait ma crinière et qu'elle mettait des élastiques dedans. Elle en était à la moitié de mon encolure et Julien était parfaitement mouillé quand Lison, la Jeune Cavalière avec une natte dans le dos, a dit « Si vous devez rentrer chez vous je peux prendre le relais ». Véro l'a regardée, elle a regardé Julien, et elle est descendue du tabouret en disant « Volontiers, en effet je suis un peu en retard ». Pendant ce temps Caprice finissait de se faire pionter aussi, et Noctambule, et c'était drôle d'être dans la cour de l'écurie alors qu'il faisait tellement nuit qu'on avait dû allumer les lumières. Avec toute cette toilette j'ai cru qu'ensuite j'allais sauter des Barres, mais non ! Lison a natté ma queue, Julien m'a remis ma Couverture bien comme il faut, et ils m'ont rentré dans le Box. J'étais en train de ne pas comprendre du tout mais Julien m'a versé un petit extra de Granulés et Magicien était tout à fait calme comme d'habitude, alors j'ai mis ma tête dans ma mangeoire et je ne me suis plus posé de questions.

Le grand jour

D'habitude le matin c'est toujours pareil. Il y a Jef et Delphine qui arrivent avec les yeux presque tout fermés, puis les Granulés. Ensuite ils s'en vont et quand ils reviennent ils sentent le café, et ils disent « Pousse-toi de là que je fasse ton Box, mais qu'est-ce que tu en fais de ta paille ? Tu la revends, c'est pas possible », avec la boîte qui chante qu'ils emmènent partout avec eux (parfois ils chantent aussi). Et quand ce n'est pas comme ça c'est juste que c'est Vincent et Zoé qui font les boxes à leur place.

Mais aujourd'hui j'étais à peine réveillé qu'il y avait déjà des bruits partout !

Il y avait :

• Le bruit du Camion qui chauffait.

• Les bruits des Cavaliers qui couraient dans tous les sens.

• Les bruits des Filets qu'on transportait.

• Les bruits des bandes de repos qu'on scratchait.

• Les bruits des seaux qui brinquebalaient.

Quand même, j'ai eu mes Granulés !

Aziz et Julien sont venus me voir et ils m'ont posé des bandes aux quatre pieds, et une autre à la queue, et encore un truc bizarre sur la tête. Vincent a passé la tête par la porte et il a dit « C'est parfait les gars. Sauf que votre protection de nuque est un peu à l'envers, mais on va arranger ça. »

C'est ensuite que c'est devenu compliqué.

Ils m'ont sorti tout habillé et avec mon licol ils m'ont accompagné devant la rampe du Camion. J'ai bien compris : il fallait que je monte dedans.

Eh bien non.
Quand j'étais Cheval de Sport et que je montais dans le Camion avec toutes mes protections, après il y avait aïe les pieds.
Et quand je n'ai plus voulu y monter il y avait les coups de balai sur la croupe et les gens autour qui criaient comme des fous.
Et quand finalement je suis monté dans un Camion sans mes protections, il m'a emmené loin de Fanfaronne.
Alors je sais que le Camion m'a guéri quand j'ai eu mal au ventre, mais c'est quand même non.
Dans le Camion il y avait déjà Caprice et Noctambule. Vincent a fait redescendre Caprice, puis il l'a fait remonter : mais même si j'aime bien Caprice, la suivre dans le Camion c'était non.
Delphine a mis des Granulés devant la porte du Camion, mais c'était toujours non.
Ensuite ils ont mis des Carottes et j'ai eu beau tendre le cou tant que je pouvais, je ne suis pas arrivé à les attraper. Mais j'ai obligé tous mes pieds à rester bien où ils étaient.
Jef a poussé mes fesses en criant « Ho-hisse ! » mais c'était non de toute façon.
Vincent a mis sa bouche de côté. Au bout d'un moment il a dit « Faites monter Magicien.
– Ah bon, a dit Aziz, il est inscrit aussi ?
– Non. Mais ça lui fera prendre l'air. »
Alors Magicien qui avait encore des brins de paille dans son toupet a été sorti de son box, et Jef et Delphine lui ont mis des protections en vitesse, et Magicien est monté dans le Camion en faisant trembler toute la rampe avec ses gros pieds et en baissant bien la tête pour être sûr de ne pas se cogner.

Vincent a dit « Je crois qu'il va falloir te décider, mon petit Crac »
J'ai dansé un tout petit peu sur place, parce que c'était difficile de vouloir en même temps ne pas être dans le Camion et être avec mon Ami. Mais finalement en jetant mes jambes dans tous les sens j'ai fini par y aller aussi.
Magicien m'a montré comment me mettre de biais pour Ne Pas Pencher dans les Virages et Encaisser les Coups de Freins.
Alors la porte a été fermée. Il a fait noir, le Camion a bougé, et on est partis.
Le truc de Magicien ça marche !

Le Concours

Finalement le Camion s'est arrêté, et j'avais beau être avec mon Ami, j'étais quand même sur le point de mettre ma tête entre mes pieds de devant et de taper avec mes pieds de derrière ; mais la porte s'est ouverte, Jef m'a détaché, et je suis sorti à toute allure avec lui qui était suspendu à mon licol. Mais j'ai vu que c'était encore un nouvel endroit ! Alors je me suis arrêté bien net sur mes quatre pieds, avec ma tête très haute et mes oreilles en avant.
Il y avait des Chevaux que je ne connaissais pas !
J'ai appelé, au cas où Fanfaronne aurait été là, mais elle ne m'a pas répondu.
Vincent est arrivé avec une feuille de papier à la main et j'ai essayé de la manger, mais il n'a pas voulu. Il a dit à Aziz : « D'après le programme, dans une heure c'est à toi. Vous avez juste le temps d'épousseter Crac, Julien et toi, ensuite tu passeras au paddock. Zoé sera là-bas et moi sur le terrain. Ça va ? »

Aziz a bougé la tête de haut en bas pour montrer que oui, mais il n'a pas pu dire un seul mot. Il était un peu comme les Cavaliers qui viennent dans mon box, tout blanc avec les mains froides et le front un peu mouillé. Vincent a dit:

« Normal Aziz, c'est le trac, ça passera dès que tu seras en selle. À tout à l'heure. »

Julien a remis un de mes élastiques qui s'était sauvé (Delphine l'a un peu aidé), il m'a brossé, il a défait la natte de ma queue qu'il a de nouveau entièrement démêlée, puis Aziz et lui m'ont mis mes protections aux jambes (celles pour sauter), ma selle et mon filet, et Aziz qui était toujours tout blanc a demandé « Le paddock j'y vais à cheval ou à pied ? » d'une drôle de voix, comme s'il avait eu une Pomme coincée dans le gosier. Jef a dit « Vas-y à cheval, tranquille » et Aziz s'est mis à côté de moi, il a levé une jambe, il y a eu « Un, deux… Trois ! » et Julien l'a soulevé et il a été sur moi, presque je n'ai rien senti. Alors je l'ai emmené sur mon dos jusqu'au bout de l'allée où il y avait un Manège.

Je sentais d'autres Chevaux que je ne connaissais pas, alors j'ai appelé au cas où parmi eux il y aurait eu Fanfaronne. Sûrement non, parce qu'elle n'a pas répondu.

Mais quand je suis rentré et que j'ai vu les Chevaux, d'un seul coup quelque chose a changé dans moi.

J'ai roué mon encolure. J'ai gonflé mes côtes. J'ai monté mon dos et j'ai fait un Passage magnifique, avec ma queue haut portée, sans qu'Aziz m'ait rien demandé.

Il a dit à Zoé « Qu'est-ce qui lui prend ? » et elle a répondu : « Il crâne ».

Je ne sais pas ce que ça veut dire.

Mais il y a une chose que je sais.
Je suis Crac !

Les Barres

J'ai sauté la Barre du paddock plusieurs fois en passant très au-dessus, comme d'habitude. Puis une cloche a sonné et Zoé a dit : « Ça va être ton tour Aziz. Vincent sera sur le terrain. » Julien a resserré ma sangle d'un trou, Aziz qui s'était détendu est redevenu tout crispé, et quand on est sortis du paddock on a croisé un cheval qui en revenait en soufflant fort et avec de la sueur partout. J'ai de nouveau roué mon encolure et monté haut mes genoux, et je suis arrivé sur le terrain en Passageant comme un cheval d'école.
Alors il y a eu la cloche, et d'un seul coup Aziz a été de nouveau lui. Il a repris les Rênes et il m'a dit « On y va » avec ses jambes et ça a été parti. J'ai sauté :

- Un droit
- Un oxer
- Un triple dans la diagonale
- Un bidet
- Un Bizarre (des tonneaux)
- Et encore un droit pour finir.

Puis Aziz s'est penché et il m'a dit « Allez on fonce ! », alors j'ai galopé comme un furieux avec mon garrot abaissé et mes oreilles en arrière, j'ai donné deux ou trois Coups de Cul, et finalement on s'est arrêtés. Je suis rentré au paddock encore en Passageant comme un cheval d'école, sauf que j'avais plus chaud qu'en sortant, et que je respirais plus fort.

Aziz m'a fait marcher pour que je reprenne mon souffle, et Julien m'a mis ma couverture sur les reins pour que je n'attrape pas froid. À ce moment-là j'ai vu Jean-Louis qui parlait à Zoé. Il était presque comme d'habitude sauf qu'il avait un drôle de collier épais autour du cou et qu'il ne pouvait presque pas tourner la tête. J'ai voulu aller voir avec mon nez De Quoi Il Retourne et il m'a fait une Caresse. Je suis content qu'on n'ait pas été obligé de lui faire la Piqûre !

Le Allô de Zoé a sonné et elle a un peu parlé dedans, puis elle a dit : « Pour l'instant Aziz tu es premier.

– Premier ?

– Ben oui. Félicitations.

– Il reste combien de concurrents ?

– Quatre. »

Aziz a continué de me marcher et finalement je me suis décidé à laisser tomber ma tête et à me reposer un peu, mais lui pas du tout : il était agité comme Kip quand il sait qu'il y a des Granulés Quelque Part et qu'il n'a pas encore trouvé comment les attraper. Finalement Zoé a dit : « Bravo Aziz ! Vous êtes toujours premiers. On t'attend sur le terrain pour la remise des prix ».

Alors on est ressortis. Aziz était toujours en pleine forme mais moi je commençais à me sentir un peu fatigué : je n'ai même pas fait mon intéressant devant les deux autres chevaux qui étaient là aussi et que je ne connaissais pas.

Un Cavalier avec des bottes brillantes s'est approché et m'a donné un Sucre. Je l'ai mangé. Il m'a caressé et il a serré la main d'Aziz, puis il a accroché des rubans à mon Filet, et j'ai essayé de les manger mais je n'ai pas pu.

Aziz m'a caressé l'encolure et il m'a dit : « On a gagné ! » puis on est revenus près du camion et de Magicien qui m'attendait. Il m'a dessellé et il m'a enlevé mon Filet, puis c'est Julien qui m'a remis ma couverture et qui m'a donné des carottes, pendant qu'Aziz partait dire bonjour à des Cavaliers en se tenant bien droit et en gonflant ses côtes, absolument comme moi tout à l'heure.
Véro est venue et elle m'a dit « T'as été formidable mon petit Crac, tu veux un peu de fructose ? » et elle m'a donné une Pomme.
Éric est venu et il a dit « Faut m'excuser Crac, je vois bien que tu sais sauter, c'est juste moi qui ne sais pas » et il m'a fait une Caresse.
Jef a ouvert de grands yeux ronds mais il n'a rien dit, juste « Tout arrive » une fois qu'Éric a été parti.
Un Cavalier avec des bottes brillantes est venu et il a dit « Il est très en-dessous de sa catégorie ». Jef a répondu « Il a bien failli n'être dans aucune catégorie du tout » et le Cavalier a dit « Ah bon ? » et Jef a dit « C'est à Delphine qu'il faut demander ». Delphine a parlé longtemps et le Cavalier a dit « Ah, alors c'est pour ça qu'il n'a pas eu peur des tonneaux ! »
Quand il a été parti Jef a dit à Delphine « Concours amical, tu parles. Je te parie que ça fait un mois qu'ici ils ne passent que des tonneaux couchés.
– Attends qu'ils viennent chez nous, a dit Delphine. Qu'est-ce qu'on pourrait bien leur inventer ? »
Et alors ils se sont mis à parler et à rigoler pendant que Magicien faisait ma toilette et que moi je faisais la sienne. Je crois que je n'ai plus beaucoup d'élastiques dans ma crinière.

Le Parcours de Magicien

À un moment Darling est revenue près du Camion, et Caprice aussi, et nos Cavaliers ont arrêté de parler avec d'autres Cavaliers qu'on ne connaissait pas, et ils ont dit « Bon ben on y va. »

Caprice est montée dans le Camion, Darling aussi, mais Magicien a fait une chose que je ne lui ai jamais vu faire.

Il a dit NON.

Il n'a pas rué ni dansé ni reculé. Il est juste resté planté sur ses quatre gros pieds absolument sans bouger.

« Mais qu'est-ce qu'il a ?

– C'est Crac qui déteint ?

– Enfin Magi mon gros père qu'est-ce qui t'arrive ?

– Allez viens ! »

Mais ça n'a pas marché. Ils sont tous restés comme Muffin quand il trouve une Baballe trop grosse pour sa bouche, à se demander ce qu'ils pourraient bien faire. Finalement c'est Zoé qui a trouvé.

« Je sais !

– Ben voyons.

– Mais si, c'est simple. Qu'est-ce qui s'est passé chaque fois qu'on a emmené Magi sur un terrain de concours ?

– Oh… Tu crois qu'il veut sauter ?

– J'en suis sûre. Les obstacles sont toujours en place ?

– C'est tout juste.

– Va voir le chef de piste.

– Mais Magi n'est même pas échauffé !

– Cours je te dis. Pendant ce temps je le selle et je le trotte. File ! Il doit sûrement rester un petit parcours.

– Zoé… Tu ne crois pas qu'on est gâteux ?
– Vincent, tu ne crois pas qu'on lui doit bien ça ? »
Alors Vincent est parti au Trot en Extension, et en vitesse les autres ont mis une selle, un filet, des guêtres et des protège-boulets à Magicien. Là il a été tout à fait d'accord. Zoé a été – Un deux trois hop – dessus et elle est allée le Marcher-Trotter-Galoper et il a encore été absolument d'accord, et moi j'ai vu qu'il commençait à se Concentrer.
Vincent est revenu tout rouge et en soufflant fort, comme s'il avait fait un Parcours. Il a dit : « Ils sont OK, le parcours de catégorie D est encore en place, et il est tout près.
– Tu veux le faire ?
– Non, toi, vas-y.
– Tu es sûr ?
– Tu es plus légère. »
On est tous allés regarder : Vincent, Jef, Delphine, les Cavaliers et moi, parce que je me suis mis à crier tellement fort qu'ils sont revenus me chercher. Le Haut-Parleur qui est une voix au sommet d'un poteau a dit : « Sur le parcours de catégorie D, un concurrent pas très protocolaire, puisqu'il est hors compétition. Magicien, Selle Français, n'a pas voulu repartir sans passer quelques barres. Magicien a vingt ans. Saluez. »
Puis il y a eu la Cloche, et Magicien a tout enchaîné. Droit, Oxer, Palanque, Bidet, même les Tonneaux et enfin le Triple. Pendant ce temps personne ne disait rien.
Il n'a même pas touché.
Il est revenu vers nous, tout fier, le dos très haut.

Mais moi j'ai vu qu'au-dessus de ses yeux ses salières étaient plus creusées, et qu'il soufflait très court.
Un Cavalier en veste à carreaux qui est un Juge a couru vers nous.
Il a dit « Il me reste une rosette publicitaire, vous pensez que ça lui ferait plaisir ? »
Tout le monde avait comme la Maman de Julien l'autre jour, les coins de la bouche qui remontaient et le menton qui tremblait. Zoé a reniflé très fort et dit « Oui, merci ».
Magicien a eu sa Rosette.
Comme moi.
Et on est remontés dans le Camion sans Faire le Zouave.

Erreur ?

Le lendemain du Concours je suis allé au Pré pour Un Peu de Repos Bien Mérité, et j'ai joué avec Caprice chacun de notre côté de la Clôture pendant que Magicien était au Travail (« Une petite séance de longe contre les courbatures mon pépère ? »), puis j'ai brouté et il me semble bien que l'herbe devient un tout petit peu meilleure. Très bonne journée.
Mais aujourd'hui qui est encore le jour d'après il s'est passé quelque chose de très curieux.
Delphine m'a dit « Pousse-toi de là que je fasse ton box » et au bout d'un moment que je lui faisais sa toilette des oreilles avec ma langue elle m'a dit « Lâche-moi un peu, comment veux-tu que j'y arrive ? Je vais te mettre dans le box de ton copain, c'est tout ce que tu auras gagné » et elle m'a fait entrer dans le box de Magicien que Jef était encore allé Longer. Ça arrive que je Déménage, sauf que d'habitude je reviens chez moi tout de suite après, mais le Allô de

Delphine a sonné et elle est partie lui parler. Elle a dû m'oublier, parce que je suis resté là.
Alors Julien est arrivé.
Il m'a regardé d'un air bizarre.
Il est allé regarder dans mon box.
Il est revenu.
Il a regardé dans la Cour. Il n'y avait ni Delphine ni Jef ni Vincent ni Zoé.
Il ne les a pas appelés.
Il a eu l'air de réfléchir pendant un peu de temps, puis il est allé chercher mes affaires, il m'a habillé, et on est allés au Manège tous les deux, en passant devant la Carrière où Jef était encore en train de longer Magicien. On s'est appelés, il a dit « Je Travaille ! » et j'ai dit « Moi aussi ! » et Jef a ouvert grand la bouche mais sans rien dire et quand il a retrouvé ses mots on était déjà au Manège Julien et moi.
Quand Vincent nous a vus il a recraché énormément de son café puis quand il a eu fini de s'étrangler il a dit : « Julien, qu'est-ce qui se passe ?
– Rien, pourquoi ?
– Tu devais monter Magicien.
– C'est pas lui ? Moi j'ai pris le cheval qui était dans le box de Magicien. »
À ce moment-là Delphine qui arrivait a mis sa main sur sa bouche. Elle est devenue toute rouge et elle a dit « C'est ma faute. J'ai mis Crac dans le box de Magi et j'ai oublié de le rentrer chez lui.
– Admettons », a dit Vincent.

Il a mis sa bouche d'un seul côté et finalement il a dit « On va y aller comme ça. En selle, cow-boy. »
Une fois que j'ai eu Julien sur le dos (ça a pris un peu de temps), d'abord je n'ai pas très bien su quoi faire.
Je ne comprenais pas du tout ce qu'il me disait avec ses jambes ni avec ses mains et quand je me suis mis à marcher j'ai senti qu'il penchait tantôt d'un côté, tantôt de l'autre, et parfois en avant, et parfois en arrière, et que presque il perdait l'équilibre. Heureusement, il n'était pas très lourd. Mais j'ai dû faire tellement attention pour le garder sur moi, que j'ai oublié d'avoir Peur.
Quand Julien a eu presque tout à fait compris « Tourne à gauche » et « Tourne à droite » et « Arrête-toi » au Pas, on a commencé à travailler au Trot. Là ça a été encore plus difficile de le garder sur mon dos, alors j'ai trotté tout petit, et au bout d'un moment il y a eu au moins deux foulées de Trot enlevé à la suite qui étaient quasiment très bien.
« Ça ne se passe pas mal, a dit Vincent. Tu veux essayer de galoper ? »
J'ai senti dans mon dos que Julien bougeait la tête de haut en bas pour dire oui. Vincent lui a expliqué « Penche-toi bien en arrière » et tout ce qu'il dit d'habitude, puis il m'a dit à moi « Crac, Gaaa-LOP ! », alors j'ai galopé.
Vincent me regardait droit dans l'œil pour m'expliquer de ne pas aller trop vite, mais j'avais déjà compris. J'ai réussi à garder Julien sur mon dos jusqu'à ce que Vincent dise « Crac Ooooh Trot » puis « Crac Ooooh Pas ». Alors Julien m'a caressé, et les gens qui étaient venus dans les tribunes se sont mis à parler très fort à voix basse, comme ils font de temps en temps.

Quand on est sortis du Manège avec Julien tous les gens qui étaient dans les tribunes étaient déjà devant la porte. Ils se sont mis à dire « C'était drôlement bien Julien ! » et « Dis donc tu te débrouilles comme un chef ! » et « Tu n'as pas eu peur avec Crac ? » Alors Julien a répondu :
« Non. »

Retour au box

Dans la cour de l'écurie et il y avait les Jeunes Cavaliers qui étaient assis sur leurs mobylettes, comme d'habitude. Quand ils nous ont vu revenir Julien et moi ils nous ont regardés avec des yeux tout ronds comme fait Pop Star quand il explique qu'il a Très Peur, mais nous on n'a rien dit et on est rentrés dans mon Box. Julien m'a déshabillé et il m'a donné du Fructose qui était des carottes, cette fois-ci, et pendant qu'il me caressait j'ai vu par ma porte quatre têtes qui étaient celles des Jeunes Cavaliers. Trois étaient bizarres et une était celle d'Aziz, et lui avait les coins de la bouche tout remontés vers le haut. L'un des trois a dit « T'as monté Crac ? » et Julien a dit « Oui ». Le même a dit « Je te crois même pas » et alors Vincent est arrivé.
« Parfaitement, il a dit, Julien a monté Crac. Qu'est-ce que vous regardez dans ce box ? Si vous voulez voir un cheval de près il y en a une douzaine qui ont besoin d'être pansés. »
À ce moment-là ils sont partis vérifier qu'il n'y avait pas une tache de boue sur leurs mobylettes, et on est restés tous les trois, Vincent, Julien et moi.
« Julien, a dit Vincent, tu savais parfaitement que c'était Crac, n'est-ce pas ?

– …

– Julien ? Sinon, pourquoi aurais-tu pris sa selle et son filet, et pas ceux de Magicien ?

– …

– Alors ?

– Alors dis, Vincent, je pourrai le remonter ?

– …

– S'il te plaît ?

– On verra.

– Génial ! Je veux dire… merci. »

Chapitre 8

MARS

Qu'est-ce qu'ils ont ?

L'autre jour Caroline est venue dans mon box avec ma selle et mon filet, et elle n'était plus du tout complètement blanche avec les mains froides et des bruits dans le ventre.

Et après ça a été pareil avec un autre Cavalier.

Et encore un autre.

Même Sylvie a été tout à fait normale, alors qu'elle n'était plus revenue sur mon dos depuis Arnica 30 CH.

Je ne sais pas ce qui se passe, mais je suis content.

L'autre chose qui me rend content, c'est qu'il y a de plus en plus de jour et de moins en moins de nuit.

Mais la chose qui me rend le plus content de tout, en plus d'avoir un Ami, c'est qu'il est définitivement en train de pousser de la nouvelle herbe bien meilleure, et ça c'est formidable, même s'il n'y en a pas encore beaucoup.

C'est quoi Chouchou ?

Depuis que mes Cavaliers ne sont plus raides et blancs je travaille comme un fou, même plus que Magicien.
Entre le soleil qui se lève et le soleil qui se couche (et même parfois plus tard) j'ai au moins deux Cavaliers sur le dos.
Certains sont Véro et Clément et Professeur Plonck et Aziz.
D'autres non. Ce sont des Cavaliers plutôt comme Julien, et il faut réfléchir très fort pour comprendre ce qu'ils essaient d'expliquer avec leurs mains et leurs jambes, surtout quand les jambes disent « En avant » et les mains « Arrête-toi ». Il faut aussi être un cheval très concentré pour les garder sur le dos, parce qu'ils rebondissent beaucoup, dans tous les sens, et que parfois ils crient.
Alors aujourd'hui Jef et Delphine se sont arrêtés devant mon Box et j'ai eu le droit de faire la toilette de Jef pendant que Delphine me gratouillait derrière les oreilles (c'est agréable !) et ils ont parlé.
« On dirait qu'il est en train de rattraper Magicien au poste de chouchou du club, ton petit Crac.
– Moi, j'ai toujours dit qu'il était sympa.
– Mais un peu remuant.
– Avec tous ses nouveaux cavaliers il a largement de quoi remuer.
– Oui, hein ? Bonne semaine pour le petit cheval, avec les débutants ça ne doit pas être facile pour son dos. Tu veux qu'on lui fasse un massage ?
– C'est parti ! »
Alors ils sont entrés dans mon Box. Delphine s'est mise d'un côté de moi, Jef de l'autre, et ils ont commencé à caresser mon dos très

fort, pendant que moi je tendais le cou comme un fou et même je bavais un peu parce que c'est AGRÉABLE !

Si c'est ça Chouchou je veux bien.

La seule chose c'est : est-ce qu'on pourrait arrêter de m'emmener pour la Reprise juste au moment où on donne les Granulés ?

C'est énervant.

Encore un cas social…

Qu'est-ce que c'était que ça ?

Jamais. Je n'ai jamais vu un Cheval comme ça.

Je mange mes Granulés et je raconte.

L'arrivée de la Crevette

Cet après-midi le Camion s'est arrêté dans la cour. Vincent est descendu. Il a ouvert la porte de derrière et j'ai pointé mes oreilles en avant parce que je voulais voir ce qui allait sortir, mais rien.

Vincent est monté par la même porte. Je l'ai entendu dire « Allez Crevette, lève-toi » puis « Courage Crevette, il y a un bon box plein de paille qui t'attend » et encore d'autres choses.

Mais toujours rien.

Alors il est redescendu et il a dit : « Jef ! Un coup de main ! »

Jef a posé sa Brouette. Jef va toujours très vite pour aider quand il faut d'abord poser la Brouette. Quand il faut descendre de cheval, il va aider aussi mais plus lentement et il grogne d'abord, comme Muffin quand quelqu'un essaie de lui prendre son Jouet.

Ils sont montés tous les deux dans le camion et Jef a dit :

« Qu'est-ce que c'est que ça ?

– Un cheval, que veux-tu que ce soit d'autre ?
– Aucune idée. Un squelette de cheval, je dirais. Il ne veut pas se lever ?
– Il ne peut pas. »
Alors Jef et Vincent ont fait énormément de bruit à l'intérieur du camion et ils ont dit « Hop-là ! » et « C'eeest bien ! » et « Allez encore un effort » et « Bon sang mais on ne va quand même pas faire rentrer un treuil ! »
Mais toujours rien.
Delphine qui ramenait Pop Star d'une Petite Remise des Pendules à l'Heure a dit « Qu'est-ce que vous faites là-dedans ? »
Ils n'ont pas répondu, alors elle a rangé Pop Star dans son box et elle est allée voir.
Elle a dit « Oooooh… »
Vincent a dit « C'est pas ça qui va nous aider ».
Delphine a pris sa voix de quand un cheval fait l'imbécile (mais moins fort) et elle a dit : « S'il ne peut pas descendre du camion, pourquoi on ne le laisse pas dedans ? On le paille, on lui donne à boire, on lui donne à manger, et quand il pourra se lever il…
– À manger ! Mais évidemment, à manger ! Qu'on est bêtes ! Jef, tu as déjà donné son mash à Mémère ?
– Elle ne va pas être contente.
– Elle n'est jamais contente. Allez, cours ! »
Jef a d'abord dit « Delphine tu es géniale » puis il a couru chercher le seau de mash qui fumait encore devant le box de Mémère et qui était presque aussi intéressant que les bruits du dedans du Camion.
Mémère a envoyé les dents très vite mais elle n'a quand même pas réussi à mordre Jef (dommage ! sinon elle se serait pris une Bonne

Tarte). Le seau de mash est entré dans le Camion. Ensuite il y a eu de la paille, puis des couvertures, puis de l'eau, puis « On va le laisser tranquille » et Vincent et Delphine et Jef sont sortis.
Vincent a regardé. Il a dit « Il ne mange pas.
– C'est pas ça qui m'étonne, a dit Jef. C'est que dans l'état où il est, il respire encore.
– Mais d'où tu le sors ? a demandé Delphine.
– Tu te souviens du club où on est allés faire le concours d'entraînement ?
– Il était là ? Impossible.
– Pas depuis longtemps. Il appartenait à un gars qui avait pris deux leçons d'équitation, qui avait un bout de pré et qui a trouvé que c'était trois bonnes raisons de s'acheter un cheval.
– Et alors ?
– Alors au bout de quelque temps, il a eu l'occasion de vendre son terrain et il a demandé au propriétaire du club s'il voulait le cheval.
– Ne me dis pas qu'il a demandé de l'argent.
– Non. Mais je crois que Philippe a mentionné la SPA, à un moment. Et quelque chose comme les mauvais traitements à animaux. Ça a dû jouer.
– C'était quand ?
– Hier.
– Et Philippe t'a appelé quand ?
– Ce matin.
– Et toi, bien sûr, tu t'es précipité pour faire de l'humanitaire… de l'équiditaire… une bonne action, quoi.
– Tu avais une autre idée ?
– Non. Je suis content de travailler pour toi.

– Eh bien, travaille, alors. Tu crois qu'ils vont se faire tout seuls, ces boxes ? Et Mémère, il faudrait quand même qu'elle ait un mash à un moment ou à un autre. Regarde-la mordre sa porte. Elle va l'arracher !
– Pas de danger. SOS Chevaux en Détresse, j'arrive ! »
Jef a couru reprendre la brouette, mais Delphine continuait de faire un nœud avec ses sourcils.
« Il ne mange toujours pas. Je vais voir.
– Et qu'est-ce que tu vas faire ? Le nourrir à la petite cuiller ? »
Delphine a secoué ses épaules, puis elle est remontée dans le camion. Je l'ai entendu dire :
« Qu'est-ce qu'il y a cheval ? Tu n'as jamais vu de mash, si ça se trouve. Ça se mange, je t'assure. Ah, j'oubliais. Manger, tu ne sais peut-être plus ce que c'est. Alors d'abord, il faut ouvrir la bouche. Ouvrir ! Voilà. Ben dis donc, quand tu seras en état, ça sera plus facile de te passer un mors qu'à Pop Star. Bon. Maintenant, je mets un peu de mash là-dedans. C'est comment ? C'est bon ! Évidemment que c'est bon. Tu en veux encore ? Voilà. Maintenant je mets le seau sous ta tête et tu manges tout seul. Tu crois que tu vas y arriver ? Brave cheval. Bon, je peux te laisser ? Mais pourquoi tu arrêtes de manger ? »
À un moment, Vincent a dit (je crois qu'il entend moins bien que moi) : « Ça se passe comment Delphine ? » et elle a répondu « Ça y est, il mange. » Alors il a demandé « Pourquoi tu ne sors pas ? » et elle a dit « Parce que si je fais mine de m'en aller, il arrête de manger ! » Vincent a soupiré « OK. Ça va encore être commode cette affaire » et il est allé s'occuper de la brouette de Delphine.
Ensuite, je suis allé travailler avec Véro puis avec Stéphane, tout très bien. Depuis que je suis un Chouchou, j'ai de plus en plus de travail,

mais ce qu'il faut voir c'est que j'ai aussi de plus en plus de Pommes. Travailler j'aime bien, mais les Pommes, ça, j'aime vraiment.
Finalement je suis rentré au box pour de bon – il faisait nuit, il y avait juste les Lumières comme le soir où il a fallu tresser ma crinière – et quand j'ai eu fini mes Granulés, il y a eu un énorme bruit dans le camion.
Alors Magicien et moi on a sorti la tête pour regarder.
Vincent était devant la porte avec sa grosse veste et de la fumée qui lui sortait par la bouche et le nez. Il a dit « Viens ! Viens Crevette ! » et alors, pas à pas, en s'arrêtant souvent, le Cheval est descendu.
Si c'était un Cheval.
Il y avait les oreilles, bien sûr, qui étaient des oreilles de cheval. L'odeur aussi. Et un peu la queue, bien qu'elle soit très mitée.
Pour le reste il y avait surtout des os.
Énormément d'os. Des côtes. Des vertèbres. Des fesses toutes pointues. Un cou tellement maigre que presque il était caché par la crinière, et pourtant elle n'était pas longue.
Il y avait beaucoup de Sabots aussi. Ils étaient presque aussi longs que des pieds de Cavaliers, tellement longs que le Cheval avait du mal à marcher. Il avait des ombres profondes au-dessus des yeux, et plein de trous dans sa robe parce qu'il était en train de perdre son poil d'hiver, comme nous, mais lui n'en avait déjà pas beaucoup.
C'est à ce moment-là que Zoé est revenue.
Elle est descendue de sa voiture et elle a demandé : « C'est lui dont tu m'avais parlé ? » et Vincent a répondu « Oui ». Elle a soufflé très fort et très longtemps. Elle a dit « Abandonné au pré pendant deux ans… Les pieds jamais parés… Jamais une couverture… Évidemment l'herbe était loin d'être suffisante et il n'a jamais eu

ne serait-ce qu'une botte de foin… De l'eau quand il pleut et il faudra que ça suffise… Je pense qu'il est inutile de demander s'il a jamais vu un vétérinaire… » À chaque fois Vincent agitait sa tête de haut en bas.

« Quel âge a-t-il ?

– Sept ans ?

– Hein ? Tu veux dire dix-sept ?

– Non. Il a l'âge de Crac.

– C'est… incroyable. Et comment s'appelle-t-il ?

– Chandernagor du Val du Dormeur. Mais ce qui m'est venu spontanément, c'est Crevette.

– Ah bon ? Moi, c'est Catastrophe.

– Enfin Chérie…

– Va pour Crevette. Tu vas le mettre où ?

– Dans le box du bout, à côté de Magicien. J'ai demandé à Jef de débarrasser toutes les vieilleries qu'il y avait là-dedans et de le pailler.

– C'est déjà une bonne chose. Et qu'est-ce que tu attends ?

– Crevette, tiens ! Il marche lentement…

– Va plutôt te réchauffer. Je vais l'emmener.

– J'oubliais…

– Quoi ?

– Il ne mange que si on reste à côté de lui.

– Alors rapporte-moi un pull ! »

Le nouveau voisin de Magicien

Quand j'ai vu que Magicien allait dire bonjour à Crevette, j'ai tapé dans ma porte. Je ne sais pas pourquoi mais je n'étais pas content.

Zoé a dit : « Alors Crac tu es jaloux ? »
Je lui ai répondu en secouant la tête avec mes oreilles en arrière.
Mais Crevette était trop fatigué pour dire bonjour aussi, et Magicien est revenu vers moi, et j'ai fait semblant de le mordre, pour jouer.
Enfin je crois.

Fanfaronne ?

Aujourd'hui j'ai eu Peur !
Quand il est arrivé devant moi je l'ai reconnu tout de suite – c'était l'homme qui était venu me chercher dans mon Pré.
Il n'était pas question que je remonte dans son Camion, alors je me suis enfui au fond de mon box.
Mais Vincent est arrivé et il a dit « Salut Alain comment ça va ? » et et Alain a répondu « Pas mal, et ce petit cheval, tu en es content ? » et ils se sont tous les deux approchés de moi. D'abord je suis resté bien collé contre le mur du fond pour qu'ils ne me voient pas, mais au bout d'un moment je n'ai pas pu résister et je suis allé voir si par hasard ils n'auraient pas des Carottes. J'ai juste eu des Caresses, mais déjà c'est bien.
Vincent a dit « Il a eu une période de lancer de cavaliers un peu pénible, mais c'est en train de se calmer tout doucement. Pour le reste il est bourré de qualités : plein de cœur, confortable, attentif, bref, tu m'en retrouves un comme ça quand tu veux.
– C'est bon à savoir ; j'ai justement un œil sur sa demi-sœur par Mirliton. De toi à moi, je comptais vaguement sur elle pour renouveler mon piquet de chevaux mais sa saison de quatre ans a été un peu décevante. Pour la compétition, s'entend. La dernière

fois elle s'est arrêtée net au milieu d'un double parce qu'elle avait vu un chapeau.
– Peureuse ?
– Pas du tout. Le chapeau lui plaisait, elle n'a eu de cesse d'aller le regarder de plus près. Il était très fleuri, je dois dire.
– Une âme de poète ! Au fond, pourquoi pas ? De toute façon, je vais être amené à remplacer Magicien.
– Tu le mets toujours à la retraite cette année ? Il va mieux, pourtant. J'ai entendu parler de ses exploits en concours et de sa rosette honoraire…
– Il va mieux dans sa tête, mais il a vingt ans quand même.
– Il y a des chevaux qui tournent encore, à cet âge-là.
– Peut-être, mais je n'ai pas envie de le casser. Ses articulations ne sont plus ce qu'elles étaient. En plus une place vient de se libérer dans le pré où il y a déjà son copain Jackpot.
– C'est décidé alors ?
– C'est décidé. En juillet, si tout va bien, il s'en va.
– Donc je prends note que la petite Fanfaronne, éventuellement… »
Quand j'ai entendu « Fanfaronne », j'ai tourné la tête, j'ai regardé partout et j'ai appelé très fort.
Mais elle n'était pas là.

Les pieds de Crevette

Aujourd'hui c'est le Maréchal-ferrant qui est venu. Je l'ai appelé pour qu'il vienne me faire une Caresse, et il a obéi ! J'étais content, parce que ça ne marche pas toujours. J'ai aussi cherché s'il contenait des Bonnes Choses, mais là il m'a juste dit « Je te vois venir, pickpocket » puis il est parti caresser Magicien qui disait « Et moi ? Et moi ? » en secouant sa tête, et alors Vincent est arrivé.

« Bon, a dit Jean-Michel, il est où ton éclopé ?

– Je te l'amène » a dit Vincent, et il est allé chercher Crevette dans son Box.

Ce qu'il y a de pratique avec Crevette, c'est qu'il n'a pas du tout besoin de Licol. Il suit les Cavaliers partout avec le nez sur leur épaule, même s'il se prend tellement les pieds dans ses sabots qu'il a du mal à marcher. Je crois que là où il était il s'est beaucoup ennuyé. Pas comme moi, dans mon Pré avec Fanfaronne.

Crevette était sous le soleil, avec ses trous dans sa robe, son nez sur l'épaule de Vincent et Jean-Michel a dit « Oh là là malheureux.

– Et encore, a dit Vincent, depuis quatre jours qu'il est là, aussi incroyable que ça paraisse, il a repris de l'état. On n'a pas encore osé le panser, on a peur de le blesser. Mais tu l'aurais vu quand il est arrivé...

– Je préfère pas. Mais comment peut-on laisser un cheval dans ces conditions ? Ça se voit, qu'il est maigre, non ? Que ce qu'il faut c'est lui donner à manger ?

– Ne me demande même pas.

– Quand à ses pieds... Évidemment il a l'air de porter des pantoufles mais je me demande si une fois paré...

– Quoi ?

– Il n'aurait pas de jolis aplombs.

– Là, tu en sais plus long que moi.

– C'est mon métier, vois-tu. Bon. Tu crois que tu me préparerais des sandwiches ?

– Mais tu déjeunes à la maison.

– Avec le boulot que tu me donnes ? Impossible. J'aurai de la chance si j'arrive à l'heure pour mon rendez-vous suivant. »
Crevette s'est gentiment laissé parer tous ses pieds un par un, sauf qu'il n'a jamais voulu laisser partir Vincent qui a dû rester avec son épaule sous son nez jusqu'à ce que Zoé vienne le remplacer, puis Jef, puis Delphine. À la fin Crevette était très fatigué d'avoir dû se tenir sur trois pieds, mais même avec sa tête toute baissée, on voyait qu'il ressemblait beaucoup plus à un Cheval.
« Tu avais raison, a dit Vincent. Il a de bons aplombs. Si on arrive à le remettre en état, on fera peut-être quelque chose de lui.
– Tu as encore des doutes ?
– Un cheval sous-alimenté pendant deux ans, tu sais… Enfin ça vaut le coup d'essayer.
– Oui. Eh bien quand j'aurai besoin d'un séjour dans un centre de remise en forme, je viendrai chez vous. »

Les choses bonnes à manger

« Crac ! mon carré de soie, enfin ! » a crié Véronique.
La Reprise avait été tout très bien, et on avait fait un magnifique Petit Galop à Faux tous les deux avec nos dos bien en place, et ensuite Véronique m'avait donné des Pommes, mais là j'ai vu qu'elle n'était pas contente du tout.
« Qu'est-ce qu'il a fait ? a demandé Éric, il te l'a déchiré ?
– Attends que je regarde… Ouf, non. Il est juste entièrement mâchonné, trituré, couvert de salive et de jus de pomme. Je n'ose pas penser à la tête de mon teinturier. Et si je t'envoyais la note, Crac ? Quand on a des goûts de luxe, il faut les assumer ! »

Après elle m'a quand même fait une Caresse. C'est peut-être de voir Crevette manger cinq fois par jour (j'ai beau taper dans la porte, moi c'est toujours seulement trois fois) : j'ai grignoté énormément de Mais Ça Ne Se Mange Pas, ces temps-ci. Beaucoup plus que d'habitude. Parce que j'aime toujours bien manger les choses qu'on a laissées à portée de mes dents.

Par exemple mes Rênes et mon Filet quand mon Cavalier les a suspendus près de ma Porte et qu'il ne revient pas tout de suite, parce qu'il discute avec d'autres Cavaliers.

J'aime aussi mon Tapis de Selle (surtout les bords), ma Couverture (surtout ce que j'arrive à attraper) et la Peau de Mouton de Mémère qu'un jour Madame Taillerac a laissée sur ma porte.

Mes Bandes de Repos, c'est bon. Mes Bandes de Travail aussi. Des fois j'arrive à en attraper des petits bouts mais ce qui est rigolo c'est quand j'arrive à les dérouler d'un seul coup.

La Ficelle des bottes de paille est très amusante, mais elle est difficile à avaler en entier. Il y a toujours un Cavalier qui arrive et qui tire sur le petit bout qui dépasse de ma bouche en disant « Mais ça ne se mange pas ! » et alors la Ficelle me chatouille toute la bouche en sortant.

J'ai essayé de manger un petit peu ma Selle mais il y a eu « Enfin Crac ça va pas ? »

J'ai réussi à manger une Cravache presque tout entière. J'ai dû recracher plein de morceaux, mais je me suis bien amusé.

Un jour Sylvie a laissé dans mon Box son sac où il y avait des Pommes. J'ai d'abord voulu l'ouvrir mais je n'ai pas pu, alors j'ai mangé le sac jusqu'à ce que le jus des Pommes sorte à travers. Il y avait plein d'autres choses amusantes dedans, mais sans Jus. Sylvie

n'a pas été contente, mais elle a juste dit « Qu'est-ce que tu veux, ça m'apprendra. »
Et puis aujourd'hui j'étais en train de manger le Carré de Soie qui faisait une sensation très intéressante dans les dents, quand soudain Véro a porté sa main à son cou et elle n'a rien trouvé. Alors elle a regardé ma tête, elle a dit « Crac ! » et elle a réussi à m'ouvrir la bouche.
Heureusement, c'est bientôt l'heure des Granulés.

Enfin au Pré !

Ces temps-ci j'ai tellement travaillé comme un fou que je ne suis presque pas allé au Pré avec Magicien, et les rares fois il s'est mis à pleuvoir avec comme des petits cailloux très froids dans les gouttes, désagréables comme tout.
Mais aujourd'hui il fait soleil et beau, tellement que Jef m'a mis au Pré sans ma Couverture et j'ai pu sentir l'herbe me chatouiller le dos quand je me suis roulé par terre, avec tous les pieds d'un côté puis tous les pieds de l'autre, plein de fois. Ensuite avec Magicien on a joué aux Démarrages Surprise puis aux Coups de Cul et enfin à Dégage De Là, et quand on en a eu assez on a brouté en restant bien l'un à côté de l'autre, comme deux Amis. L'herbe est définitivement bien meilleure et il commence à y en avoir des quantités tout à fait intéressantes.
On était en train de se faire notre toilette du garrot quand Vincent et Zoé (et Muffin) sont arrivés pour manger leurs Bonnes Choses. Zoé a dit : « Il faut beau, on déjeune dans le jardin ? » et Vincent a dit « Oui, on va sortir la table ».

Ils se sont mis à apporter des choses avec quatre pieds, une grande et deux petites, et d'autres choses brillantes qu'ils ont posé sur la… Table ? et ils se sont assis et ils ont fait du bruit avec les choses brillantes, pendant que Muffin jouait avec son Pouic. J'avais mes oreilles bien pointées en avant parce que je voulais vraiment savoir De Quoi Il Retourne (par exemple il y avait plein d'herbe dans comme une sorte de Mangeoire, je ne savais pas que les Cavaliers broutaient aussi !) quand on a entendu un bruit de sabots sur le chemin qui venait des Prés et c'était Crevette.
Il s'est arrêté derrière la Barrière et on voyait très bien qu'il disait avec ses oreilles et son encolure et tout le reste de lui « Je peux venir avec vous ? »
Zoé a demandé « Alors Crevette, tu ne voulais pas rester tout seul, c'est ça ? » et elle a regardé Vincent qui a souri et qui a remué la tête de haut en bas tout en fermant un seul œil (je ne sais pas comment il fait), et Zoé est allée chercher Crevette et elle l'a emmené dans le Jardin. Il a poussé un grand soupir, et il s'est mis à brouter. Là, sous le soleil, avec son poil d'hiver qui commençait à tomber vraiment et un poil d'été qui était même un peu brillant, ses pieds bien taillés et ses côtes qu'on ne voyait presque plus (mais encore un peu) il était devenu tout à fait un Cheval.
« Il a repris de l'état, non ?
– Assez pour sauter sa clôture. Il va falloir lui trouver un copain aussi, à celui-là. Mais je suis de ton avis, il a bien dû prendre une trentaine de kilos.
– Si ça continue comme ça, on va même pouvoir l'appeler à nouveau Chandernagor. Et envisager de monter dessus sans qu'il s'écroule.

– Ce serait d'ailleurs une bonne idée de le faire travailler. Je vais peut-être le prendre dix minutes en longe cet après-midi. Tu veux du café ?

– Volontiers. »

Alors il y a eu comme de l'eau mais noire et chaude et qui sent très fort, et Zoé a mis la main dans une boîte et elle s'est levée. Elle a mis sa main sous le nez de Crevette et il a regardé mais il n'a pas voulu ce qu'il y avait dedans.

« Un cheval qui n'aime pas le sucre ! On aura tout vu.

– Il ne doit pas savoir ce que c'est.

– Tu crois ? J'en connais deux qui vont lui montrer. »

Zoé est venue vers Magicien et moi. Dans sa main on a vu qu'il y avait des Sucres et on les a mangés, et on a eu des Caresses. Crevette nous regardait sans oser s'approcher trop près, mais ensuite quand Zoé lui a donné un Sucre, il l'a mangé.

Ensuite Zoé est revenue vers la Table et Crevette l'a suivie, et là il avait tout à fait compris parce qu'il a mis son nez dans les Choses Brillantes. Vincent a ri et il a dit « Non, Crevette les chevaux ne mangent pas à table ! », alors Crevette s'est remis à brouter.

Je voudrais aller dans le Jardin aussi !

Chapitre 9

AVRIL

C'est le printemps !

Aujourd'hui je suis retourné au Pré avec Magicien. On a joué comme des fous tous les deux et avec Caprice aussi de l'autre côté de la Barrière, et ensuite quand on a brouté l'herbe était vraiment excellente. Jef est revenu nous chercher assez vite parce que « Vous n'allez pas vous gaver d'herbe de printemps gros gloutons, ce n'est pas le moment de vous faire des coliques » mais sur le chemin du retour j'ai réussi à attraper presque toute une branche de noisetier avec des feuilles et Jef a dit « Toi, on peut te faire confiance pour décrocher la palme ! » et il a ri.

Quand je suis rentré dans mon box j'ai vu des oiseaux pas du tout comme d'habitude qui volaient en criant et qui commençaient à construire un tout petit box au-dessus de ma tête. Jef a dit « Génial, les premières hirondelles ! » Delphine a répondu « Oui, j'ai vu aussi » et Jef a dit « Mais tu t'es fait couper les cheveux, toi ! Alors là c'est vraiment le printemps ». Delphine a souri. Il m'a semblé que Jef s'apprêtait à dire autre chose mais finalement il a dû changer d'avis. Il a juste souri aussi.

Balade en forêt

Aujourd'hui il fait vraiment, mais alors vraiment très beau. Jef a dit « Il faudrait voir à panser Kip à fond, tout l'hiver il a ressemblé à un pompon mais là il a vraiment l'air d'une serpillière ». Vincent a dit « Bonne idée, si tu ne sais pas quoi faire… » et Jef a dit « J'ai encore perdu une occasion de me taire », et il est allé chercher l'étrille en métal très dure qui fait danser tous les chevaux, sauf Kip, qui monte le dos pour qu'elle le gratte encore plus fort.

Les Hirondelles ont presque terminé leur petit box dans mes poutres, et les Moineaux attendent devant ma porte quand on fait ma toilette pour chiper mes poils qui sont tombés par terre et s'envoler avec. D'autres Oiseaux s'installent dans les arbres des Petits Paddocks de la cour et ils crient comme des fous toute la journée. Le Chat que d'habitude on ne voit presque jamais s'assied sous l'arbre et il les regarde, mais il n'est pas encore arrivé à les attraper, surtout que tout le monde lui dit « Shhh ! Ton boulot c'est pas les oiseaux, c'est les souris ! » et alors il se sauve avec l'air pas content et la queue toute gonflée.

Il y a de plus en plus de jour et de moins en moins de nuit, de plus en plus d'herbe et de moins en moins de froid, et même l'autre jour à la place des Granulés (ça arrive de temps en temps, parfois c'est du Mash, parfois beaucoup de Foin, parfois de l'Avoine) j'ai eu des Carottes !

C'était vraiment une magnifique journée. Mais quand les Cavaliers sont arrivés pour la Reprise Vincent leur a demandé « Une petite balade en forêt, ça vous dit ? » et ils ont tous répondu « Oui ! Oui ! Oui ! »

Et là j'ai été un peu inquiet parce que « Balade en forêt » qu'est-ce que c'est ? Par exemple est-ce que ça pique, est-ce que ça se mange ou est-ce qu'il faut sauter par-dessus ? Mais Véro qui faisait ma toilette n'avait pas l'air de se faire du souci du tout.

Elle est montée sur mon dos tout de suite dans la Cour, et j'ai vu que les autres Cavaliers étaient déjà en selle aussi. Il y avait Madame Taillerac sur Mémère comme toujours, Professeur Plonck sur Magicien, Lison sur Bisou et Aziz sur Caprice. Ça n'était déjà pas comme d'habitude, mais quand j'ai vu Vincent sur Darling, j'ai compris que ça n'était pas comme d'habitude du tout.

Ensuite ça a été encore moins comme d'habitude, parce qu'on n'est pas allés dans la Manège, et on n'est pas allés dans la Carrière : on est allés sur la Route !

Mes pieds faisaient du bruit presque comme dans la cour et je regardais dans toutes les directions, parce que la Route je ne connaissais pas du tout. Vincent s'est retourné sur Darling et il a dit « Sois quand même sur tes gardes Véro, avec cette manie qu'il avait d'avoir peur de tout » et Véro a dit « Pour l'instant il a surtout l'air très intéressé. »

Je n'avais pas tellement le temps de penser à avoir peur parce que j'étais en train de découvrir une quantité de choses. Par exemple :

• Le long de la Route il y a des quantités de Maisons ! Mais pas beaucoup de Manèges (j'ai eu beau chercher, je n'en ai pas vu un seul)

• Dans les Jardins des Maisons il y a surtout des Cavaliers, presque jamais des Chevaux (pas vu un seul non plus)

• Il y a aussi des Chiens qui se précipitent en criant « C'est chez moi on n'entre pas », mais ils restent dans leur jardin et Ce N'est Pas La Peine d'Avoir Peur.

• La Route glisse ! (j'ai eu un peu Peur quand même)
• Les voitures de la Route ne s'arrêtent pas. Elles font juste des choses avec leurs lumières qui brillent et qui ne brillent plus, qui brillent et qui ne brillent plus. Je ne savais pas que les voitures pouvaient aller aussi vite !

Véro était en train de dire « Crac va avoir des crampes aux oreilles à force de les pointer dans tous les sens » quand on est arrivés dans la Forêt, et là si je n'avais pas été avec Magicien qui était tout à fait calme et les autres Chevaux qui n'avaient pas l'air inquiet du tout je me serais planté sur mes quatre pieds et je n'aurais plus avancé. Il y avait de l'ombre et de la lumière qui bougeaient, énormément d'arbres, et des bruits dans les sous-bois d'oiseaux qui chantaient et d'eau qui coulait et de petites bêtes qui grignotaient. J'ai dansé un petit peu et Véro m'a fait une Caresse, et comme Magicien et Darling et Bisou et Mémère n'avaient vraiment pas l'air de se faire du souci, j'ai continué à marcher et au bout d'un moment j'ai été parfaitement rassuré. Je n'ai même presque pas sursauté, quand les pétales des merisiers sont tombés sur moi comme de la neige. Ensuite on a trotté un petit peu et j'étais tout à fait en forme, mais la vraie surprise c'est quand on est arrivés sur un petit Chemin en sable et que Vincent a dit « Prêts pour un petit temps de galop ? »

Car pour la première fois depuis très, très longtemps, j'ai pu galoper tout droit devant moi.

C'était bien !

À un moment j'ai voulu aller plus vite mais Véro m'a dit avec les mains « Certainement pas », alors je suis resté bien en équilibre. Darling aussi avait très envie de courir le Prix de Diane mais comme Vincent ne la laissait pas faire non plus, elle disait « Je suis contrariée ! » avec ses oreilles en arrière. Même Magicien s'appuyait sur le mors et à un moment on a entendu un bruit de pétarade derrière : c'était Caprice qui disait qu'elle était contente en donnant des Coups de Cul dans tous les sens, mais Aziz a ri et dit « Tout va bien ! »

Une que je n'avais jamais vue comme ça, c'était Mémère. D'habitude, quand elle a Madame Taillerac sur le dos elle fait la sieste, mais là elle galopait comme une furieuse en attaquant fort avec les pieds de devant. Heureusement que la grosse croupe de Magicien lui barrait le chemin, sinon Mémère aurait emmené Madame Taillerac très loin.

J'aurais pu continuer à aller vite, vite ! pendant (presque) toute ma vie mais on s'est remis au Trot puis au Pas, et ça faisait du bien aussi de respirer fort l'air de la Forêt qui n'est pas comme l'air du Pré ni celui de la Carrière. J'ai essayé de manger l'herbe au bord du chemin et les feuilles des frênes, des chênes et des noisetiers, mais il y a eu de nouveau « Certainement pas » et ça c'était dommage, parce qu'on marchait au milieu d'une quantité incroyable de choses bonnes à manger.

Quand on a eu repris notre souffle on a recommencé, et un moment donné j'ai fait un Écart formidable parce que juste à côté de nous des bêtes étranges faisaient des Bonds de Dauphin dans les fougères avec l'encolure toute renversée et des yeux immenses – heureusement Véro est restée sur mon dos et elle m'a caressé et elle m'a dit « Ce sont des biches ! » et on a continué à Galoper et elles ont continué à bondir et c'était formidable, même si je n'ai pas eu le droit de faire la course.

Et puis on a de nouveau été au Pas et on est arrivés devant une autre chose que je n'avais jamais vue. Mais là, je n'étais pas du tout d'accord pour y aller.

C'était une énorme quantité d'eau, plus énorme que le Bidet par exemple, et qui ne voulait pas se tenir tranquille. Je ne sais pas comment expliquer : elle coulait comme le Robinet, mais il y en avait vraiment beaucoup plus.

Les autres Chevaux ont mis leurs pieds dedans, puis leurs nez, et ils ont commencé à boire, mais j'avais tellement peur que je n'ai même pas voulu suivre Magicien. Véro m'a dit avec sa bouche « Courage Crac, c'est juste une petite rivière » mais quand elle m'a dit avec ses jambes « Allez on y va » j'ai fait un énorme bond et j'ai sauté par-dessus de pied ferme. Véro a fait « Ouf ! » et Vincent a dit « Ça va ? » et elle a répondu « Oui, il m'a juste démonté deux-trois vertèbres » et elle a tourné sa tête dans tous les sens.

Professeur Plonck nous a rejoints avec Magicien (mais sans sauter) et il a dit « C'est quand même dommage » et il a demandé à Vincent « On a cinq minutes ? » et Vincent a répondu « Oui ». Alors Professeur Plonck a fait marcher Magicien tout doucement et Véro m'a fait marcher derrière lui tout doucement aussi, et quand j'ai été un peu rassuré et que j'ai vu que Magicien disait avec son corps tout entier : Pas de Danger, on est allés de nouveau vers la Rivière. J'ai regardé Magicien mettre ses pieds dedans et j'ai fini par y mettre mon nez parce que j'avais soif. C'était froid !

Ça chatouillait !

Mais c'était bon.

Véro m'a laissé boire et elle m'a demandé d'avancer encore un tout petit peu, et finalement j'ai eu mes quatre pieds dans l'eau. Ça faisait comme des bandes froides autour des jarrets, et j'étais un peu campé sur mes quatre pieds et prêt à me sauver mais comme il n'est arrivé aucune Chose Terrible je me suis détendu.

J'ai baissé ma tête pour mettre mon nez tout près de l'eau et pour regarder le soleil qui faisait des petites lumières dedans.

Puis j'ai levé un de mes pieds de devant, très haut. Je l'ai laissé en l'air un moment, puis j'ai tapé fort avec, et il y a eu des gouttes d'eau comme la Pluie mais dans l'autre sens qui faisaient de petits arcs-en-ciel.

La vie est pleine de merveilles !

J'ai recommencé.

Caprice a fait pareil.

Mémère aussi.

Et puis on a tous joué à s'éclabousser et on a été trempés et nos Cavaliers criaient et riaient.

Ensuite on est rentrés. La Balade en Forêt c'est bien, mais Rentrer c'est bien aussi, parce qu'il y a tous les Chevaux qu'on connaît et le Box et les Granulés.

Et ça on a le droit de les manger.

Je suis content

Aujourd'hui Reprise avec Jef sur le dos. Vincent a dit « Si Crac continue à progresser de ce train, on ne devrait pas tarder à pouvoir le mettre en bride. Beau boulot Jef ». Du coup Jef a été tout gonflé de lui-même, et plus il se tenait bien, plus je faisais le cheval fier, et plus les coins de la bouche de Vincent remontaient vers le haut et tout était parfait.

Après il y a eu la Douche ! Ça faisait longtemps que je n'avais pas eu la Douche entière avec de l'eau partout. D'abord j'ai eu comme une petite pluie fine sur la figure, et j'ai fermé les yeux et j'ai tendu le cou parce que c'était agréable, puis j'ai joué au cheval qui a tellement soif et j'ai eu le droit de boire au jet. Ça ne désaltère pas beaucoup, mais ça chatouille la langue et j'aime bien. Puis j'ai eu l'eau qui m'a coulé doucement sur le dos et sur la croupe et longtemps sur les jambes et partout. Ensuite Jef m'a emmené devant mon Box, il m'a attaché à l'anneau et il a commencé à me passer le Couteau de Chaleur. Magicien avait sorti la tête pour profiter du Soleil et on était en train de se dire bonjour avec nos nez et je serais bientôt sec et j'aurais mes Granulés et tout était parfait, quand la Chose Terrible est arrivée.

Le Petit Monstre

Une Voiture s'est arrêtée dans la cour, et Madame Taillerac a commencé à en sortir. Mais elle avait à peine une jambe dehors qu'une toute petite chose furieuse jaillissait en jappant, en sautant, en écumant, en rebondissant et en roulant les yeux dans leur blanc. Je l'ai déjà vu. C'est son Chien. Quand il vient, il saute aux naseaux de Mémère et tous les deux jouent à se mordre (en général Mémère gagne) mais toujours, quand il fait ça, je m'enfuis au fond de mon box parce que je ne sais pas pourquoi, mais je n'arrive pas à ne pas avoir Peur.

J'étais en train de me mettre à danser quand Vincent a crié « Madame Taillerac tenez ce chien en laisse ! » mais le Petit Monstre était déjà en même temps dans mes jambes de derrière et dans mes jambes de devant et en train de sauter dans mes naseaux et sous mon ventre en faisant claquer ses dents blanches et pointues. Ça criait, ça grognait, ça reculait, ça revenait et à ce moment-là je me suis tout à fait affolé et j'ai commencé à me mettre debout sur mes jambes de derrière, mais j'étais attaché !

Magicien a pris sa tête de Cheval Terrible avec les oreilles couchées et les dents sorties et les veines saillantes et il a essayé de m'aider mais le Petit Monstre était trop loin pour lui.

Vincent a crié « Jef vite détache-le » et Jef a essayé de m'aider en tirant sur le nœud, mais ma tête a dû le cogner parce que d'un seul coup il a été par terre, et j'ai eu de plus en plus Peur.

Alors j'ai tiré sur mon licol vraiment de toutes mes forces pour m'enfuir, et je ne me souviens plus très bien de tout.

Je sais qu'à un moment il y avait Vincent sous ma tête quand j'étais assis sur ma croupe, et à un autre moment mes fers ont fait des étincelles sur le pavé et j'ai eu encore plus Peur, alors j'ai tiré encore plus fort. À force de tirer et de tirer j'ai entendu « crac » quelque part vers mon cou mais ce n'était pas le licol. Finalement Vincent a dit « Espèce d'engeance de terrier mal léché ! » et j'ai vu son pied qui se balançait et au bout de son pied le petit monstre qui partait dans les airs en roulant ses yeux blancs et en faisant le « Ahi ahi ahi ! » du chien qui reçoit une Bonne Correction.

Il est retombé par terre et il a poussé le grand cri du chien qui va mourir, mais il ne devait pas être tout à fait mort car il a couru se cacher sous la Voiture. À ce moment-là Madame Taillerac en était presque tout à fait sortie, et Vincent s'était suspendu à ma tête pour essayer de me faire redescendre, et finalement j'ai vu qu'il n'y avait plus de Petit Monstre alors je me suis calmé un peu.

Vincent en a profité pour me rentrer dans mon Box à toute vitesse puis il est allé vers Madame Taillerac au Trot en Extension, et il a dit en devenant un peu rouge « Madame Taillerac, je vous ai déjà demandé vingt-cinq fois de tenir votre chien en laisse. Si vous ne voulez pas l'attacher je vous dis tout de suite que je ne veux plus le voir ici ici ». Madame Taillerac a dit « Mais il veut juste jouer, il fait ça tout le temps avec Marquise », et Vincent qui devenait de plus en plus rouge a dit « Madame Taillerac, si vos animaux veulent s'écharper entre eux c'est votre problème, mais il est hors de question qu'ils s'en prennent à nos chevaux et à nos palefreniers. Comment ça va Jef ? »
Jef était debout en train de se secouer très doucement de partout pour voir ce qui était cassé ou pas. Quand il a eu fini il a répondu « Moi ça va, mais Crac est bizarre ».
Vincent s'est approché et il m'a regardé et il a dit « Nom de nom mais c'est pas vrai. » Il avait l'air fâché. Pourtant je ne faisais pas du tout exprès d'avoir la tête de travers, comme Muffin quand il demande qu'on lui lance son Jouet ; moi, j'essayais de la remettre droite. Mais impossible d'y arriver.

L'air penché

Personne n'a voulu m'emmener en Reprise.
Véro est venue, et Miss Mallowe, et Professeur Plonck, et Aziz, et Sylvie et tous les autres, et ils disent des choses comme « T'en as un torticolis pauvre Cracounet ». Ils me font des Caresses, parfois ils me donnent des Pommes, puis ils s'en vont habiller un autre Cheval.

Je suis allé un petit peu au Pré avec Magicien et cette fois-ci c'est lui qui a voulu jouer mais moi qui n'ai pas pu, car quand je bouge un peu fort j'ai très mal en haut de mon cou, comme si le Licol était encore en train de tirer dessus.

Kip est venu se faire faire sa toilette mais avec ma tête de travers ça me fait mal quand je veux baisser l'encolure, alors il est reparti Réfléchir au Problème du Nouveau Verrou de la Graineterie.

J'ai mal même quand je veux manger, et ça c'est vraiment désagréable. Heureusement on m'a donné du mash humide et tiède qui est plus facile à avaler que les Granulés. Vincent vient me voir souvent. Aujourd'hui il a dit à Delphine et à Jef « Quand je pense que c'est le moment qu'a choisi l'ostéopathe pour partir en vacances… » et il a secoué la tête de gauche à droite.

J'ai essayé de faire pareil mais je n'ai pas pu.

Je fais « crac ! »

Aujourd'hui une voiture que je ne connais pas s'est arrêtée dans la cour en criant et en soulevant un nuage de poussière. Une Cavalière que je ne connais pas non plus en est sortie et elle est allée vers Vincent.

« Salut Cathy ! Je suis content de te voir, et il y en a un qui va l'être encore plus que moi.

– Je suis venue le plus vite que j'ai pu. À vrai dire telle que tu me vois je descends de l'avion, et il faut que je me dépêche car j'ai aussi un cheval qui a fait le grand écart sur un gué, un autre qui s'est coincé dans son box et qui s'est relevé avec un lumbago, et un troisième qui s'est mis à boîter sur les terrains de concours mais pas à la maison. On dirait qu'ils savent quand je prends des vacances. Bon, il est où ton éclopé ? »

Alors ils sont venus devant mon box. Delphine a laissé tomber la Fourche, Jef a laissé tomber la Brouette, Zoé aussi a rappliqué en quatrième vitesse, et Muffin qui voyait qu'on ne s'occupait plus de lui a commencé à faire l'intéressant avec son Pouic, mais comme personne ne regardait il s'est inventé une puce et il s'est mis à la chercher.

« Crac, Cathy. Cathy, Crac », a dit Vincent.

Cathy a dit « Bonjour mon bonhomme » et elle est entrée dans mon Box pendant que Magicien regardait si elle n'allait pas me faire Mal. Elle a tourné tout autour de moi très doucement pendant longtemps. Elle a posé ses mains sur plein d'endroits de moi, et c'était très agréable. Puis elle a pris ma tête et elle l'a balancée un peu, sans me faire mal. C'était même agréable aussi.

Puis d'un seul coup, Cathy a balancé ma tête très fort en même temps qu'elle tirait sur ma queue, mon bout du nez a presque touché ma croupe et j'ai entendu un grand crac DEDANS ma tête. J'étais un peu sonné alors je me suis ébroué – et là je me suis rendu compte que je n'avais plus mal du tout !

Cathy a dit « Pour C1-C2 c'est réglé, mais il y a quelques vieux blocages que ce serait aussi bien de faire sauter » puis elle a fait craquer d'autres morceaux de moi : une épaule, un morceau de dos, et un pied. Je suis un cheval qui n'a plus mal du tout mais qui se sent très bizarre – comme sommeil mais pas tout à fait, et comme quand Vincent me faisait faire plein de Choses Difficiles mais pas tout à fait non plus.

Ensuite Vincent a dit « Tu aurais le temps de jeter un œil à mon rescapé ? » et Cathy a répondu que pourquoi pas. Mais quand elle a

vu Crevette qui pourtant était redevenu tout à fait un Cheval elle s'est exclamée : « Qu'est-ce que c'est que ça ? On dirait qu'il a été entièrement démonté et remonté avec une clé à molette. M'étonnerait pas qu'il ait été beaucoup trop travaillé, et en tout cas n'importe comment. » Vincent a dit « D'après ce que je sais, il était au pré » et Cathy a répondu « Oui, mais avant ? » et elle a commencé à plier Crevette dans tous les sens et à faire craquer plein de morceaux de lui, puis elle a dit « C'est tout ce que je peux faire aujourd'hui. Celui-là vous le travaillerez un tout petit peu en longe à partir de demain, mais pour Crac, j'aimerais autant qu'il passe trois-quatre jours tranquille au box. »
Elle était en train de remonter dans sa Voiture quand Delphine a demandé « Cathy, ça vous arrive de prendre des gens en stage ? » Elle a répondu « Ça doit pouvoir s'organiser, toi aussi tu veux apprendre à faire craquer les chevaux ? » À ce moment-là Vincent a dit « Ça ne te suffit pas de faire craquer les garçons ? », et alors Jef est devenu tout rouge et il est parti en montant et en descendant plusieurs fois les épaules. Zoé a plissé le front et donné un coup de coude dans les flancs de Vincent qui a dit « Enfin Chérie, je plaisantais ! »
J'aime bien quand mes Cavaliers jouent mais s'ils pouvaient se taire un peu, parce que là je crois que je voudrais dormir.

Du repos

Ce matin je me sentais tout à fait bien et j'ai cru que Jef m'emmènerait au Pré ou au Manège ou sur la Carrière comme souvent ces temps-ci, mais il s'est juste arrêté pour me faire une Caresse et il a dit « Alors mon Crac, comme tu dois te reposer, tu vas me faire le

plaisir d'être un cheval bien sage », puis il est reparti. J'ai tapé très fort dans ma porte avec un pied de devant mais il y a eu « NON ! »
Ensuite j'ai secoué ma tête (vraiment plus mal du tout) pour demander à Delphine, puis à Zoé, puis à Vincent de m'emmener au Pré ou au Manège mais il y a eu « NON ! » aussi.
Comme Magicien était parti au Travail puis au Pré (on a appelé) j'ai été un cheval tout seul. Alors j'ai mangé mes Granulés, puis j'ai grignoté un peu de paille, puis comme il en restait j'ai fait un tas avec, mais ça n'était pas très drôle, alors j'ai cherché ce que je pourrais bien faire pour m'occuper.
J'ai voulu dire bonjour à Mémère mais elle m'a envoyé les dents, comme d'habitude.
Kip était très occupé par le Nouveau Verrou de la Graineterie qui lui donnait Du Fil à Retordre.
Crevette était en train de manger.
Alors je me suis ennuyé.
Heureusement, en allongeant très fort le cou (c'est tellement agréable de pouvoir à nouveau bouger la tête) j'ai réussi à attraper une chose amusante qui faisait du bruit et que j'ai mâchouillée un long moment. Seulement tout à coup Vincent me l'a prise et il a dit « Qui a laissé traîner le filet de Mémère près du box de Crac ? » avec l'air pas content du tout. Mais Jef a continué à sortir la paille sale des boxes, et Delphine à mettre de la paille propre, et Muffin à faire un trou dans l'herbe au cas où il y aurait un os, et Zoé à frotter une de ses chaussures contre la jambe de son pantalon, et comme personne n'a répondu, Vincent a soufflé très fort par la bouche et il est parti en emportant mon jouet.
Je m'ennuie.

Encore du repos

Aujourd'hui Véro est arrivée et j'ai cru qu'elle allait m'emmener au Manège ou sur la Carrière, mais non ! Elle m'a fait une Caresse, elle m'a dit « On dirait que ça se remet en place tout ça », et comme je lui faisais sa toilette comme un fou elle a ajouté « Je vois bien que tu t'ennuies Cracounet, courage ça ne va plus être très long. Toi aussi tu me manques » et elle m'a donné une Pomme.
Les Pommes c'est bon mais c'est vite mangé. Alors quand Véro est partie comme j'étais un cheval tout seul je me suis ennuyé, puis j'ai fait un tas avec ma paille et au bout d'un moment j'en ai eu assez alors je me suis de nouveau ennuyé, et enfin j'ai eu l'idée de faire du bruit avec le petit objet en métal qui est sur ma porte. Ça n'est pas très-très amusant mais c'est mieux que de s'ennuyer, et puis personne n'est arrivé en courant pour me le reprendre.

Toujours du repos

Toujours pas de Pré.
Toujours pas de Manège.
Toujours pas de Carrière.
Quand Magicien est là ça va à peu près mais souvent il s'en va pour la Reprise et après il a Un Peu de Détente Bien Méritée au Pré alors je m'ennuie. Mémère continue de coucher les oreilles en me regardant et j'ai encore poussé ma paille avec mon nez pour faire un tas, mais j'en ai vraiment assez.
J'étais en train de m'ennuyer tout à fait fort et de jouer avec le petit truc amusant qui est attaché à ma Porte quand tout à coup…
… elle s'est ouverte !

Pendant un moment je n'ai pas su quoi faire. Mais Kip qui passait par là a poussé ma Porte avec son nez, il est entré dans mon Box et il est allé tout de suite mettre sa tête dans la mangeoire. Il a beau être très petit, il raidit bien ses jambes et il est presque sur la pointe des sabots et il y arrive ! Mais quand Kip a vu qu'il n'y avait rien (j'avais tout mangé) il est sorti du Box et il m'a dit Allez Blanc-Bec, On Va Se Promener.
Comme j'en avais assez de m'ennuyer, je l'ai suivi.

Je suis libre !

Kip marchait juste devant les boxes, là où il y a de la paille qui dépasse, et ses pieds ne faisaient pas de bruit du tout. Je me demandais si on irait brouter près de la Carrière, ou rejoindre Magicien au Pré, mais Kip a d'abord voulu voir si la Graineterie Ne Serait Pas Ouverte Par Hasard. À ce moment-là il a fallu passer sur les Pavés et mes fers ont sonné – alors Jef qui poussait la brouette a tourné la tête et il a dit « Halte-là Cracounet ». Puis il a posé la brouette et il s'est approché de moi, tout doucement.
Kip l'a regardé avec ses oreilles tout à fait pointées en avant et il a dit avec tous les morceaux de lui : BÊTISE ! ! !
Alors il s'est sauvé au Trot Soutenu vers la Porte du Club, et moi j'ai donné un petit Coup de Cul, puis je l'ai suivi.

Un cheval échappé

Sur la Route il y avait des Voitures qui s'arrêtaient en criant et des Chiens qui disaient On N'entre Pas C'est Chez Moi et des C'est Un Vélo Crac, mais comme j'en avais déjà vus le jour de la Balade

en Forêt je n'ai pas eu trop peur. Même à un moment j'ai voulu m'arrêter pour brouter l'herbe des bas-côtés qui avait l'air très bonne, mais j'ai vu que Jef avait pris le Grand Galop de Chasse et qu'il était en train de nous rattraper, alors je suis reparti.
Je croyais qu'on allait se retrouver dans la Forêt, mais non! Apparemment il y a plusieurs sortes de Routes. De chaque côté de la nôtre il y avait de plus en plus de Maisons qui étaient de plus en plus rapprochées, et certaines avaient des Fleurs qui poussaient dessus. J'en ai attrapé une tout en trottant, mais elle piquait un peu alors je l'ai recrachée. Pendant ce temps Jef s'était rapproché, mais j'ai fait un Démarrage Surprise et il a de nouveau été loin derrière. Au bout d'un moment il n'y a plus eu d'herbe mais des pavés comme dans la Cour qui faisaient sonner les sabots. Les murs des maisons me renvoyaient le bruit dans les oreilles, et les Cavaliers qui sortaient leurs têtes par-dessus les fleurs disaient « Un cheval échappé ! » et c'était amusant.
Mais d'un seul coup il y a eu un bruit énorme qui a rempli ma tête et je n'ai plus rien entendu d'autre. C'était un peu le même genre de bruit que le maréchal-ferrant quand il tape sur mes fers, mais beaucoup, beaucoup plus fort !
Je me suis campé sur mes quatre pieds et j'ai pointé mes oreilles en avant. Le bruit venait, et revenait, et revenait encore d'une énorme maison en pierre qui était au bout d'une cour immense et je ne savais pas du tout quoi faire, quand tout à coup une énorme porte s'est ouverte et des Cavaliers extraordinaires en sont sortis.
Il y avait un Cavalier avec une sorte de petit Seau à l'envers sur la tête, et il tenait par la main une Cavalière qui était habillée avec une quantité de draps qui flottaient, un peu comme le fil à linge. D'abord

j'ai été assez inquiet, mais Kip a vu qu'elle avait une grosse botte d'herbes et de fleurs à la main, alors il s'est approché, et je l'ai suivi. La Cavalière a dit « Eh bien cheval, qu'est-ce que vous faites là ? » et comme elle parlait très doucement je l'ai laissée s'approcher de moi, même si j'avais un peu peur du linge qui flottait sur sa tête. Je l'ai aussi laissée me caresser le front (peut-être qu'elle me donnerait de l'herbe ?) et elle a dit « Philippe, pourrais-tu dénouer ta cravate très, très doucement et me la passer s'il te plaît ? »
Alors le Cavalier lui a donné la longe rayée qui était enroulée autour de son cou et vite, pendant que je broutais ses fleurs, la Cavalière l'a passée autour du mien. À ce moment-là Jef est arrivé tout rouge, et il a dit en soufflant fort « Oh là là merci pfff, j'ai cru ouf que j'allais lui phhouuu courir après toute la journée, je suis désolé qu'il soit pfff tombé au milieu de votre mariage ». La Cavalière a dit « Ça ne fait rien, au contraire, il était très original comme invité ». Puis Jef m'a passé mon Licol qu'il tenait à la main, il a rendu sa longe au Cavalier qui a dit « Zut, moi qui avais enfin trouvé une occasion de me débarrasser de cette cravate ! », il a empoigné Kip par les crins de son toupet, et on est repartis chez nous, là où Magicien m'attendait.
Mais quand je me suis retourné, j'ai vu que sur les Cavaliers tombait une grande quantité de choses roses qui flottaient dans le vent, tout à fait comme l'autre jour les pétales de merisier.
C'était peut-être une Forêt, après tout.

La porte s'il vous plaît !

Aujourd'hui j'ai à nouveau fait du bruit avec le petit truc amusant, mais ma Porte n'a pas voulu s'ouvrir. Jef qui me regardait a dit « Tu peux toujours essayer mon petit gars, avec la double clavette même Houdini n'y arriverait pas. » J'ai cru que j'allais encore m'ennuyer toute la journée dans mon Box, mais Véro est arrivée et elle avait apporté ma Selle et mon Filet, alors j'ai su qu'il y aurait une Reprise !

Jef lui a dit « Tu connais la dernière de Crac ? Il s'est invité à un mariage ! » et il a parlé longtemps et Véro a ri. Elle dit « Ça lui ressemble bien de faire la noce ! Quand je pense que tu n'as même pas eu de dragées, mon petit père… » et elle a posé sa bouche sur mon nez. J'aime bien quand elle fait ça, mais ça chatouille, et franchement j'aime mieux les Pommes.

Bye-bye Mémère

Madame Taillerac est revenue !

On ne l'avait pas revue depuis que son Petit Monstre avait essayé de me dévorer, mais aujourd'hui elle est sortie de sa Voiture (Petit Monstre : non), elle a marché toute raide, et elle a dit à Vincent en se tenant très droite : « Ni Marquise ni moi ne resterons une minute de plus dans un établissement où on nous parle sur ce ton.

– Très bien, Madame Taillerac. Je regrette que vous le preniez de cette façon, mais si mon souvenir est bon Mémère devait de toute façon partir à la retraite à la fin du mois ?

– COMMENT l'avez-vous appelée ?

– Je voulais dire Marquise, bien sûr. Ma langue a dû fourcher.

– Vous pourriez au moins me présenter des excuses.

– Mais très volontiers. En même temps que la note de l'ostéopathe, par exemple ? »

Madame Taillerac a fait rentrer beaucoup d'air dedans elle, et elle n'a plus rien dit. À ce moment-là un Camion est entré dans la cour, Mémère y est montée, et ils sont tous partis. Vincent a appelé : « Delphine ! Jef ! Nous avons un box libre, vous me le faites à fond s'il vous plaît ?
– Ben ? Mémère nous quitte ?
– On dirait.
– Avec un mois d'avance ?
– Oui. Au moins on n'aura pas ce petit ratier dans les pieds des chevaux pendant toute la fête du club, comme l'année dernière.
– Oh là là, je me souviens. Tu te rappelles quand il est allé mordre les jarrets de Pop Star ?
– Il a fait le vol plané de sa vie.
– Le cavalier aussi.
– Ça ne lui a même pas servi de leçon, à cet animal.
– Tandis que le cavalier, on ne peut plus le faire approcher de Pop Star.
– Il semblerait donc finalement que les êtres humains soient plus intelligents que les chiens.
– Ne dis pas ça devant Muffin. Tu sais bien que ça le vexe.
– Et tu vas mettre qui à la place de Mémère ?
– Je vais réfléchir. »

Chapitre 10

MAI

L'arrivée de Bisou

Pendant plusieurs jours il n'y a eu personne dans le box à côté de moi, et j'ai fini par comprendre que je pouvais m'approcher de la grille du côté de Mémère sans avoir peur de prendre un coup de dents à travers les barreaux. C'est bien, parce que ça me fait beaucoup plus de place.

Mais aujourd'hui Jef est arrivé avec Bisou qui est le cheval pie. Il l'a fait entrer et il a dit « Bisou, voilà ta nouvelle maison. Très jolie vue sur cour, avec plein de choses distrayantes à regarder, les voitures qui arrivent, les ados qui chahutent, Kip qui essaie d'ouvrir la graineterie, les chevaux qui prennent leur douche… C'est plus animé que l'écurie de derrière. Tu vas peut-être moins tiquer maintenant ? »

À ce moment-là Bisou a posé ses dents sur le rebord de sa mangeoire, ouvert grand la bouche, roué l'encolure et avalé une énorme quantité d'air en faisant un bruit tout à fait bizarre.

« Bon, ben c'est pas gagné », a dit Jef, puis il est parti.

J'ai voulu dire bonjour à Bisou, mais il m'a regardé avec l'air tout à fait terrifié. Puis il a posé ses dents sur le rebord de sa mangeoire, ouvert grand la bouche, roué l'encolure et fait encore le bruit bizarre en avalant une énorme quantité d'air.

Il n'a jamais voulu me dire bonjour, mais au moins il ne m'a pas mordu.

Et quand je suis revenu vers Magicien il m'a dit bonjour encore plus longtemps que d'habitude, comme quand on est Séparés Toute la Journée.

Est-ce que Magicien est Jaloux ?

Eh bien les filles ?

Aujourd'hui Pré avec Magicien ! On a joué tous les deux comme des fous, mais Caprice qui était de l'autre côté de la clôture n'a jamais voulu jouer avec nous. Au lieu de faire des Sauts de Mouton et des Démarrages Surprise comme d'habitude, elle nous a tourné le dos, elle a mis sa queue un peu de côté et elle m'a regardé avec ses grands yeux bruns. Elle avait l'air de demander quelque chose, mais comme je ne savais pas quoi et Magicien non plus, on a brouté. Herbe excellente.

Mais qu'est-ce qu'elles ont ?

Aujourd'hui Reprise avec Véro sur le dos. Tout était très bien sauf qu'à un moment Darling m'a tourné le dos, elle a mis sa queue un peu de côté et elle m'a regardé avec ses grands yeux bruns qui avaient l'air de vouloir quelque chose. Je ne comprends pas du tout

ce qui se passe – d'habitude tout ce qui l'intéresse c'est de prendre la main de son Cavalier pour courir le Prix de Diane. Et pourtant d'un seul coup ça m'est venu de monter mon dos et de rouer l'encolure et de faire l'intéressant avec mes pieds de devant. Véro m'a dit « Alors Crac, les filles te font de l'effet maintenant ? » Mais au bout d'un moment ça m'a passé, surtout au Box quand j'ai senti l'odeur des Pommes qui est une des meilleures, mais vraiment meilleures odeurs du monde.
Peut-être même aussi bonne que l'odeur de Magicien.

Les soucis de Bisou

Aujourd'hui le Cavalier de Bisou qui est Monsieur Robert est venu devant son box, et il a fait des plis avec le haut de son front. J'ai fait des grimaces avec ma bouche et agité ma tête pour qu'il s'occupe de moi, mais ça n'a pas marché, parce que Vincent est arrivé (avec Muffin) et Monsieur Robert s'est occupé de lui à la place. Ils se sont dit bonjour avec leurs pieds de devant comme font les Cavaliers, et ils ont parlé (pas Muffin).
« Ça prend des proportions alarmantes, Vincent. Qu'est-ce que vous me conseillez ? On ne peut pas continuer comme ça. Même avec sa fenêtre sur cour, il tique autant si ce n'est plus.
– Je suis de votre avis. L'idéal serait qu'il passe plus de temps au pré mais avec ses problèmes de dos, il se coince une vertèbre à chaque fois qu'il se met à jouer.
– Vous pensez que c'est le manque d'exercice ?
– Non, il travaille une à deux heures tous les jours, soit avec vous, soit avec les cavaliers du manège. Plus, ce serait trop pour lui.

– De compagnie, alors ?
– Oui, j'y ai pensé. C'est pour ça que je l'avais mis à côté de Crac. Il est très sociable et il a déjà tiré Magicien de son ennui, mais je suppose qu'on ne peut pas lui demander de réussir toutes ses psychothérapies. Vous avez essayé les jouets, il me semble.
– Un ballon, une chaîne… Je ne vais quand même pas lui offrir un jeu de cubes. Déjà qu'au bureau je suis le type qui se renseigne sur les jouets pour chevaux ! Et si on mettait Kip dans son box ?
– Il vaut mieux pas. Kip a beaucoup trop de caractère. Mais en effet, pourquoi pas un animal de compagnie ?
– Je vais y réfléchir.
– Le fermier d'à côté a quelques lapins.
– Entendu. J'espère simplement qu'au bureau ils n'entendront jamais parler du lapin de mon cheval. »
Alors Monsieur Robert et Vincent sont partis, Bisou a recommencé à tiquer, et Magicien et moi on est allés travailler. Quand on est revenus du Manège, j'ai d'abord mis la tête dans la mangeoire (Granulés : oui). Mais ensuite j'ai vu qu'il y avait quelque chose de très curieux dans le Box de Bisou, et j'ai ronflé.

Le lapin de Bisou

Pour les oreilles c'était presque tout à fait un cheval, mais pour tout le reste, c'était beaucoup plus petit, à peu près comme le Chat. Ça se déplaçait en sautant alors j'ai regardé s'il y avait des Barres par terre, mais non.
Bisou s'était enfui au fond de son Box et il regardait le Lapin en pointant les oreilles et en montrant le blanc des yeux. Au bout d'un long moment il a fini par arrêter d'avoir très peur, et il s'est remis

à tiquer pendant que le Lapin mangeait de la paille en remuant son nez dans tous les sens. Le Lapin, lui, n'avait pas peur de Bisou du tout. À un moment il s'est mis sur ses pieds de derrière pour me regarder. Il est resté longtemps debout, presque aussi longtemps qu'un Cavalier ! Mais quand j'ai vu qu'il n'allait pas m'attaquer, je me suis mis à manger de la paille aussi, puis il a fait nuit, et Magicien et moi on s'est couchés et on a dormi.

Que se passe-t-il ?

Je me suis réveillé et j'ai dit bonjour à Magicien et il m'a dit bonjour aussi. Tout était presque comme d'habitude et pourtant pas tout à fait. Au bout d'un moment j'ai trouvé ce qui avait changé : Bisou ne tiquait plus !

J'ai regardé dans son box et il était en train de faire la toilette de son Lapin. Le Lapin n'avait pas l'air très content mais Bisou avait une de ses oreilles dans sa bouche alors il ne pouvait pas se sauver en sautant. À ce moment-là Jef est arrivé avec les Granulés, et Bisou a lâché l'oreille du Lapin. Elle était assez mouillée, mais sinon c'était tout à fait une oreille.

Jef a pris le Lapin par la peau du cou, il l'a bien regardé partout et il a dit « On dirait que ça ne se passe pas trop mal ». À ce moment-là le Lapin a commencé à bouger ses pattes dans tous les sens et Jef a dit « Bon, ça va, il faut le dire si tu préfères ton cheval » et il l'a lâché. Alors j'ai tapé une ou deux fois dans la porte, parce que je n'aime pas tellement attendre mes Granulés.

Ensuite il y a eu Quelques Barres avec Zoé, puis Granulés de midi, puis Reprise avec Sylvie sur le dos, puis Granulés du soir. Pas de Pré aujourd'hui, mais très bonne journée quand même.

La mise en plis du lapin

Aujourd'hui Vincent a regardé dans le box de Bisou et il a fait une drôle de tête. Il a demandé : « Elles n'étaient pas comme ça, les oreilles de ce lapin, ou je rêve ?
– Non, a répondu Jef, c'est Bisou qui passe son temps à les suçoter.
– On dirait de la tôle ondulée…
– Ou une permanente.
– Ça n'est quand même pas une vie de lapin, a dit Vincent. On va essayer de trouver autre chose. »

Bisou est triste

Aujourd'hui je me suis réveillé et j'ai d'abord dit bonjour à Magicien avant de commencer à réclamer mes granulés, mais quelque chose avait de nouveau changé. Au bout d'un moment j'ai trouvé quoi : Bisou s'était remis à tiquer.
J'ai regardé dans son Box et j'ai vu que le Lapin ne sautait plus du tout. Il avait toujours ses oreilles ondulées, mais le reste de lui était complètement plat. Quand Jef et Vincent ont apporté les granulés, Vincent a dit « Fin du lapin. J'aurais dû m'en douter ». Jef a dit « Pourtant Bisou faisait toujours très attention à lui en se couchant » et Vincent a dit « Oui, mais le lapin, peut-être pas. Bon, si on l'avait laissé où il était, il serait déjà transformé en civet. Mais je crois qu'il va falloir trouver à Bisou quelque chose d'un peu plus résistant. »
Heureusement que je n'ai jamais mangé les oreilles de Magicien !

La nouvelle amie de Bisou

Aujourd'hui le Monsieur Robert de Bisou est arrivé et il a dit à Vincent : « J'ai repensé à vos conseils et je suis désolé de ce qui est arrivé à ce pauvre lapin. Justement, un de mes collègues de bureau souhaiterait se débarrasser de sa chèvre naine. » Alors Vincent a dit « Une chèvre ? Je ne… » mais Monsieur Robert a dit « Elle est dans la remorque » et Vincent a soufflé très fort puis il a dit : « Dans ces conditions ce serait dommage de ne pas essayer ». Alors ils sont partis tous les deux et ils sont revenus avec encore un animal que je n'avais jamais vu.

Pour les oreilles c'est exactement comme le Lapin, mais pour le reste un peu comme une toute petite Vache qui serait très mal faite, avec de drôles de hanches pointues. Vincent a demandé : « Et il vous a dit pourquoi il voulait s'en débarrasser de cette chèvre naine, votre collègue ? » Monsieur Robert a répondu : « Elle devenait trop grande » et Vincent a dit « En effet » en soufflant de nouveau très fort. Puis il a ajouté : « Au moins elle n'a pas de cornes. »

Les Cornes je sais : ce sont les Vaches qui en ont. Il y avait beaucoup, beaucoup de Vaches dans les champs autour de mon ancien Pré. Et Rita ma mère me répétait : il ne faut jamais, jamais aller embêter une Vache par-devant. Ni par-derrière d'ailleurs.

Fanfaronne disait qu'un jour elle sauterait par-dessus une Vache…

Vincent a dit « Voyons ce que Bisou pense des chèvres » et il a fait entrer la Chèvre dans le Box. Bisou s'est enfui tout au fond et il a essayé de disparaître dans la muraille, pendant que la Chèvre faisait le tour du Box en levant haut les genoux et en déposant de minuscules crottins très curieux. Ça aussi je sais : ça veut dire « Ici c'est chez moi ». Puis Vincent et Monsieur Robert sont partis, et ils ont laissé Bisou tout seul avec la Chèvre qui broutait la paille en remuant sa mâchoire de tous les côtés.

Au bout d'un long moment Bisou a voulu aller dans sa mangeoire mais à ce moment-là la Chèvre l'a attaqué avec sa tête, absolument comme une Vache ! Bisou est retourné dans le coin de son Box et comme il ne pouvait plus tiquer sur sa Mangeoire ni s'approcher de la Porte, il s'est mis à appuyer ses dents contre la grille qui le sépare de Noctambule. Mais on voit que c'est beaucoup moins pratique. Magicien et moi on ne comprend pas pourquoi Tiquer c'est bien. On préfère se dire bonjour.

C'est le box de qui ?

Aujourd'hui Bisou a compris. S'il reste bien tranquille dans un petit coin de son Box, la Chèvre ne lui donne pas de coups de tête. Alors il essaie de ne pas bouger du tout pendant que la Chèvre fait des tours de Box en levant bien haut tous ses pieds et en faisant ses minuscules crottins noirs. Heureusement, il a le droit de tiquer.

Quand Jef a apporté les Granulés il en a donné quelques-uns par terre à la Chèvre. Pendant qu'elle les grignotait en remuant le nez, Bisou a eu le temps d'aller jusqu'à sa mangeoire, mais dès qu'elle a eu fini de grignoter, la Chèvre l'a chassé. Bisou est retourné dans son coin et il a recommencé à tiquer comme un fou. Un moment donné la Chèvre s'est dressée sur ses pieds de derrière et elle s'est appuyée sur le mur avec ses pieds de devant, comme Muffin, pour me regarder. Mais quand j'ai eu fini d'avoir peur je lui ai dit « Dégage » avec mes oreilles et mes dents, car je suis Crac !

Alors la Chèvre est retournée faire peur à Bisou pendant que Magicien sortait la tête par sa porte pour que je fasse la toilette de son Toupet avec mes dents (plus loin je n'arrive pas).

Jef 1, Chèvre 0

Aujourd'hui Jef nous a donnés les Granulés presque comme d'habitude, sauf que Delphine était avec lui et qu'il lui a dit « Tu continues comme si de rien n'était, je voudrais vérifier un truc.
– C'est ça, et je suis ta bonne.
– S'il te plaît ma Delphine préférée, j'ai une petite idée sur ce qui empêche Bisou de finir sa ration…
– Admettons, mais à charge de revanche. »
Je n'ai pas très bien vu tout ce qui se passait parce que j'avais la tête dans ma mangeoire, mais à un moment donné j'ai entendu Jef crier : « Je m'en doutais ! Espèce de chèvre, tu vas lui fiche la paix ! » et d'un seul coup il a été dans le box de Bisou et il a empoigné la Chèvre par son collier et tous les deux ils ont été dehors. Au bout d'un moment Bisou est retourné vers sa mangeoire en regardant partout pour voir si la Chèvre allait encore l'attaquer, mais elle n'était vraiment plus là. Alors il a mangé tous ses Granulés. Puis il s'est remis à tiquer, mais normalement.

Chèvre 4, Reste du monde 0

La Chèvre n'est pas revenue dans le Box de Bisou. Jef a parlé à Vincent et il lui a dit « Je m'en doutais que cette bestiole l'empêchait de manger ! » et Vincent a dit « C'est une chèvre, que veux-tu que je te dise. Il n'y a qu'à la laisser en liberté en attendant que Monsieur Robert la rende à son collègue. Ou à n'importe qui d'autre, d'ailleurs. »
La Chèvre est restée dehors, comme Kip. À un moment elle a croisé Muffin et il lui a demandé si elle voulait jouer mais elle l'a attaqué avec sa tête, alors Muffin est allé vers Vincent en faisant

semblant qu'il était trop galant pour être brutal avec une dame, mais on voyait bien que dedans lui, il avait un peu la frousse.
Ensuite la Chèvre a croisé un tapis de selle que Delphine avait mis à sécher et elle l'a mangé. Ou en tout cas elle a goûté tous les bords et un peu du milieu aussi.
Puis la Chèvre a croisé Kip. Kip lui a dit Je Suis Le Roi du Centre Hippique ! en marchant sur elle bien ferme, mais la Chèvre l'a attaqué avec sa tête et Kip a eu beau lui répéter avec ses pieds de derrière C'est Moi Qui Suis Le Plus Fort Ici, la Chèvre a continué à lui donner des coups de tête en dansant tout autour de lui et finalement Kip a fait mine d'aller voir si Quelqu'un n'avait pas Oublié des Granulés Quelque Part.
Enfin la Chèvre a dû croiser le fil à linge parce qu'elle est venue dans la Cour avec des torchons et des chemises et des pantalons tous bien attachés avec des pinces, et Zoé qui courait derrière en criant « Mais vas-tu me rendre ma lessive, espèce de chèvre ! »
Finalement Monsieur Robert est venu, il a emmené la Chèvre (mais pas tout de suite parce que d'abord il a dû la faire descendre du Vieux Pommier pour pouvoir l'attraper et ça a pris un petit moment) et on ne l'a plus revue.

Encore un nouvel ami de Bisou

Aujourd'hui Reprise avec Véro sur mon dos, tout très bien. Quand on est rentrés au Box j'ai d'abord mangé mes Pommes, puis j'ai vu qu'il y avait encore un nouvel animal dans le Box de Bisou !
Celui-ci est plus gros que le Lapin et plus petit que la Chèvre, mais surtout il a énormément de poils – beaucoup plus de poils même que Kip qui est un Shetland et qui n'est pas tondu – et les poils sont

tout bouclés, très curieux ! Sinon pour les oreilles c'est aussi à peu près comme un Cheval.
Véro a dit à Zoé qui passait par là « Tiens, vous lui avez mis un mouton, maintenant ? » et Zoé a regardé en haut avec ses yeux et elle a dit « Oui, et si ça continue, il va sans doute se retrouver avec une girafe. » Le Mouton fait les mêmes crottins que la Chèvre et il parle à peu près pareil, mais jusqu'ici il ne s'est pas dressé sur ses pieds de derrière et il n'a pas attaqué Bisou. Ça c'est très bien.

Tout va bien

Il y a énormément d'herbe et énormément de Soleil. Mes Hirondelles crient de plus en plus, et elles volent sans cesse dans un sens et dans l'autre, dans un sens et dans l'autre, et dès qu'elles arrivent, le petit box qu'elles ont construit se met à faire énormément de bruit.
Julien n'est plus blanc du tout. Il a été très rouge un moment quand il a pris des Coups de Soleil, mais maintenant il a une magnifique couleur un peu comme alezan mais quand même plus clair. Il monte toujours sur mon dos et je commence à comprendre vraiment très bien ce qu'il me dit avec ses jambes. Avec ses mains ça dépend des fois. Ses crins ont entièrement repoussé, et les autres Cavaliers ne se sont plus jamais moqués de lui.
Crevette est devenu pratiquement un vrai Cheval. Son poil d'hiver tout mité est tombé, et dessous un poil d'été très fin et très brillant a poussé ; maintenant on voit bien qu'il est alezan cerise.
J'ai beaucoup de travail, mais aussi beaucoup de Pommes, de Carottes, de Sucres et de Pain qui Craque. Magicien et moi on nous appelle « les deux chouchous » et ça veut dire que tout le

monde vient nous dire bonjour et nous fait des caresses et veut monter sur notre dos. Enfin je crois.

Et Bisou ne tique presque plus. Le Mouton et lui s'entendent vraiment très bien. Le Mouton mange les Granulés que Bisou fait tomber, et au lieu de tiquer Bisou fait la toilette de son Mouton qui ne l'a jamais attaqué du tout. Monsieur Robert est très content. Bisou aussi. Le Mouton aussi, même s'il me semble qu'il a un tout petit peu moins de laine sur le dos : Bisou passe énormément de temps à crachoter la Laine qui n'a pas l'air très bonne à manger. Bisou tique à peine un peu quand il y a le Maréchal-Ferrant (j'ai eu de nouvelles chaussures aussi !) ou bien quand il y a le Vermifuge, parce que ça c'est mauvais. Moi j'ai recraché, et Vincent a dû aller chercher un nouveau blouson.

Aujourd'hui Reprise avec Véro sur le dos. Tout a été très bien (splendide Changement de Pied dans la diagonale : c'était donc ça qu'elle essayait de m'expliquer depuis tout ce temps !) sauf que pendant la Reprise, Bisou n'a pas cessé de crier comme un fou pour dire « Je suis là, ne t'inquiète pas ! » à son Mouton qui n'arrêtait pas de l'appeler.

Vincent a dit : « Je peux en placer une ? » et Véro a dit « Ah, l'amour... » et tous les Cavaliers ont ri. À ce moment-là Caprice m'a tourné le dos, elle a mis sa queue un peu de côté et elle m'a regardé avec ses grands yeux bruns qui avaient l'air de demander quelque chose. Alors Vincent a dit « Oui, l'amour... », et ils ont encore plus ri. Mais je ne comprends toujours pas pourquoi.

CHAPITRE 11

JUIN

Que se passe-t-il ?

En ce moment les Cavaliers s'agitent dans tous les sens.
Ils descendent de leur voiture et ils courent voir Vincent, ou Zoé, en criant : « J'ai une idée ! J'ai une idée ! » puis ils parlent beaucoup, et ils rient, et quand ils ont fini de rire ils courent vers d'autres Cavaliers et ils disent « Tu ne devineras jamais ! » et ils rient de nouveau.
Qu'est-ce qu'ils ont à courir par cette chaleur ?
Magicien dit que c'est la Fête du Club, mais je ne sais pas ce que c'est.
Peut-être une sorte de Mouche ?

Les mouches me piquent

Les Mouches, c'est le seul inconvénient de quand il fait beau et chaud.
Au box encore ça va.
Mais pendant la Reprise !

Aujourd'hui il y a eu Reprise avec Julien sur le dos. On était sur la Carrière et je comprenais très bien ce qu'il me disait avec ses jambes et presque très bien avec ses mains, sauf que je n'arrivais pas à faire ce qu'il demandait, parce qu'il y avait les Mouches.
Elles étaient dans mes yeux, dans mes oreilles, dans mon nez, sous ma queue, sur mon ventre et j'avais beau secouer la tête et fouailler de la queue et taper du pied elles n'arrêtaient pas de revenir, et très vite j'ai été un cheval énervé. À un moment j'ai même donné un petit Coup de Cul et je n'ai pas pensé à rattraper Julien, mais il a dû faire des progrès parce qu'il est resté sur moi quand même.
Alors Vincent a dit « On arrête tout ! » et il est allé chercher une petite Bouteille. Il s'est approché de moi avec, et la Bouteille m'a craché dessus ! Au début je n'ai pas aimé ça du tout, mais ensuite j'ai compris que c'était comme une petite douche qui sentait fort et je me suis laissé faire. Ensuite, curieusement, j'ai eu moins de Mouches, alors j'ai pu me remettre à travailler normalement.
Enfin pas trop, parce qu'il fait chaud.

Journée tranquille au Pré

Quand il fait chaud et qu'il y a des Mouches, ce qu'il faut, c'est aller au Pré.
Aujourd'hui Jef nous y a emmenés Magicien et moi, et quand il nous a lâchés il nous a dit « Profitez bien les amis, c'est votre dernière journée de pré avant la fin du mois » et il n'est pas venu nous rechercher avant le soir.
C'était une très belle journée. Avec Magicien d'abord on s'est roulés, on s'est ébroués, on a joué un peu (il fait chaud) et on a brouté. Quand Jef est revenu il nous a apporté des Granulés et on

les a mangés, puis comme il commençait à faire vraiment très chaud on est allés se mettre à l'ombre du Vieux Pommier. Magicien m'a chassé mes Mouches avec sa queue, et moi j'ai chassé ses Mouches avec la mienne, et on était en train de presque s'endormir debout quand on a entendu Vincent dans le Jardin qui disait à Zoé « Tu veux un peu de café ? » et là on est allés vers la Barrière et on a ronfloté en agitant la tête pour dire « Et nous ? » parce que j'ai bien compris maintenant : quand il y a du Café, il y aussi des Sucres.
Ensuite on est retournés voir dans la mangeoire mais il n'y avait pas de nouveaux Granulés. Alors on a juste bu et, comme il faisait vraiment très, très chaud, on s'est allongés de tout notre long et on a fait une vraie sieste en dormant pour de bon.
Quand on s'est réveillés il faisait un peu moins chaud. On est allé dire bonjour en ronflotant (ils avaient peut-être des carottes ?) aux Cavaliers qui passaient sur le chemin des Prés. Ils n'avaient pas de Carottes, mais ils nous ont fait des Caresses, et on a eu envie de jouer alors Magicien et moi on a piqué un petit galop avec le panache bien relevés, puis on est revenus leur faire un bout de conduite le long de la Clôture. Les Cavaliers ont continué sans nous, alors on est allés boire, et on a recommencé à brouter.
C'était une très, très bonne journée.

Drôle de Reprise

Aujourd'hui Reprise sur la Carrière avec Julien sur le dos. Au début tout était normal, sauf que la Bouteille m'a craché dessus mais maintenant j'ai l'habitude, et la Bouteille a craché aussi sur Magicien, et sur Caprice, et sur Bisou, et sur Noctambule, et sur Darling, et sur Vanille que je ne connais pas très bien et qui est alezan doré avec deux petites balzanes aux postérieurs, et sur Crevette qui venait en Reprise avec nous pour la première fois. Ce qui a changé c'est qu'on est d'abord tous restés bien tranquilles pendant que Zoé parlait. Elle a dit : « L'essentiel pour un carrousel c'est la précision. Et pour la précision il faut des répétitions. Vous voulez un carrousel magnifique ?

– Ouiiiii ! ont crié tous nos Cavaliers (et Darling s'est apprêtée à prendre le départ du Prix de Diane, mais Zoé l'a regardée de son air de Tiens-toi Tranquille alors elle s'est calmée).

– Alors à partir d'aujourd'hui nous allons le répéter trois fois par semaine. Tout le monde est d'accord ?

– Ouiii !

– Tout le monde est sûr de pouvoir venir ?

– Ouiii !

– Même toi Lison, tu es sûre que ton papa pourra t'emmener ?

– Oui, a dit Lison d'une toute petite voix.

– S'il ne peut pas, a dit Julien, je demanderai à maman.

– Très bien. Sinon tu nous appelles et on viendra te chercher. D'accord ? Alors en avant pour le Carrousel des Jeunes Cavaliers ! »

Au début je ne comprenais pas du tout ce que je devais faire. En principe pendant une Reprise il faut Garder Ses Distances mais d'un seul coup il fallait que je marche collé-serré au flanc de Magicien, tellement près que l'étrier de Julien cognait contre l'étrier de Lison. Puis Zoé a dit « Très bien votre botte-à-botte » et Julien m'a donné une Caresse, alors je me suis dit que pourquoi pas. Moi ça ne me dérangeait pas de marcher tout près de Magicien, au contraire ! Mais c'était bien la peine quand je suis arrivé de m'empêcher d'aller dire bonjour aux autres Chevaux.

Ensuite tout le monde a été Botte à Botte, Magicien avec moi, ensuite Caprice avec Bisou, puis Noctambule avec Darling, et enfin Crevette avec Vanille, et on avait même compris comment trotter sans se décoller, quand Zoé a dit « Attention, musique » et des boîtes se sont mises à chanter !

Darling a failli se mettre à courir le Prix de Diane, mais elle était coincée devant par Bisou, à main droite par la haie, à main gauche par Noctambule, et derrière par Vanille ; alors elle a été bien obligée de se tenir tranquille. Les autres Chevaux se sont mis eux aussi à bouger un peu dans tous les sens, mais moi, du moment que Magicien était juste à côté, je n'ai pas eu très peur.

Quand même, en passant devant les boîtes qui chantent, j'ai bougé mes oreilles pour essayer de regarder dedans.

Mais je n'ai rien vu.

Quelle agitation

Tout le monde se démène de plus en plus. Mes Hirondelles n'arrêtent pas d'aller et revenir, aller et revenir, et le petit box qu'elles ont construit hurle de plus en plus fort. Les Cavaliers aussi courent dans tous les sens en demandant « Et toi tu fais quoi ? » mais ils ne s'arrêtent jamais assez longtemps pour écouter la réponse. Par cette chaleur, je ne sais pas comment ils font.

Heureusement aujourd'hui on a eu un bel Orage. On était sur la Carrière en train de répéter le Carrousel (j'ai compris maintenant : quand on se croise avec Magicien, il faut que je passe derrière et pas que je lui rentre dedans) quand d'un seul coup il y a eu un gigantesque éclair et tout de suite après une énorme pluie nous est

tombée dessus en même temps que le Tonnerre. Mais on n'a pas du tout arrêté de travailler. On a continué à se croiser et à se recroiser, à se rejoindre et à se séparer, à trotter en file et à marcher de front, tout à fait comme si on n'était pas mouillés. Et finalement le Soleil s'est remis à briller juste au moment où on s'est arrêtés en même temps que la Musique, tous les Chevaux bien sur la même ligne, avec pas un bout de nez qui dépassait, nos flancs mouillés qui fumaient, nos Cavaliers dégoulinants, et Zoé a crié :
« Vous êtes magnifiques ! »

Frénésie

Aujourd'hui les Cavaliers sont devenus totalement fous. Ils ont couru dans tous les sens encore plus vite que d'habitude avec plein de choses dans les bras qu'ils portaient d'un côté et de l'autre. Pourtant il n'y avait pas tant de Mouches que ça.
Miss Mallowe avait un grand drap à carreaux qui traînait derrière elle et elle demandait « Mon jupe d'amazone ? Où je range mon jupe d'amazone ? »
Caroline criait « Mais non ! Le stand de gâteaux c'est au club-house, pas à la graineterie ! »
Professeur Plonck s'inquiétait : « Mais comment va-t-on mettre toutes ces boissons au frais ? »
Jef disait à Kip : « Jam-bette, Kip. Non ! Pas de coups de pieds ! Jam-bette ! »
Zoé demandait : « Les voltigeurs, vous avez préparé votre musique ? Les cavaliers du carrousel, vous vous souvenez : pantalon noir et T-shirt noir. Oui Julien, une chemise noire ça fera l'affaire aussi. »
Delphine nattait la crinière de Caprice à toute vitesse.

Vincent disait : « Non, Aziz, on n'a pas le temps de préparer un numéro western. L'année prochaine, on verra. Non, même si tu as un chapeau de cow-boy. J'ai dit non ! La fête du Club, c'est demain, nom de nom ! »
Puis il s'est approché de Véro qui caressait le nez de Magicien. Il a dit : « Ouf ! Quelqu'un de calme.
– Je ne suis pas calme, a dit Véro. C'est idiot mais je suis un peu triste. La dernière Fête du Club de Magicien.
– Oui, je sais. Et entre nous… Moi aussi.
– Tu ne peux pas le garder ici ?
– Oh, j'y ai pensé. Mais j'ai eu beau retourner le problème dans tous les sens, les prés sont tous pleins à craquer. Non… Il ira rejoindre ses vieux copains Jackpot et Kafé Noir et Libellule. C'est quand Jackpot est parti qu'il a commencé à décliner, tu te souviens ?
– Très bien. Et comment va Jackpot ?
– Vingt-trois ans et en pleine forme. Ça n'est pas très loin, tu sais. Une centaine de kilomètres. D'ailleurs un jour on pourrait organiser un pique-nique à la maison de retraite des chevaux. Ce ne sont pas les prés qui manquent.
– Oui. Il va me manquer.
– Je sais… »

La Fête du Club ?

« C'est bien, Crac, tu n'as pas défait tes nattes. Ah ! Si, j'en vois une. Bouge pas ! Mais tiens-toi tranquille ! »
Delphine a refait mon élastique et Jef m'a donné mes Granulés tellement n'importe comment que la moitié sont tombés à côté de la

Mangeoire. Je les ai mangés quand même, mais qu'est-ce qu'ils ont à être agités comme ça?

Hier quand on m'a pionté la crinière j'ai pensé que c'était un Concours. Mais le Camion n'est toujours pas venu, alors c'est peut-être autre chose?

Aziz est arrivé en criant: «Ça y est! J'ai les pyjamas!» et Julien et deux autres Jeunes Cavaliers ont mis des espèces de couvertures rayées, et ils sont partis en hurlant «C'est nous les Dalton! Tenez-vous bien les poneys!»

Miss Mallowe a traversé plusieurs fois toute la cour avec son drap à carreaux tout enroulé autour de ses jambes et en demandant: «Mon badine! Mais qui a pris mon badine? Je ne peux pourtant pas monter en amazone sans badine!»

Jef était à la porte du club et disait aux voitures qui arrivaient: «Non, non! Il n'y a plus de place! Il faut aller au parking!»

Kip en a profité pour entrer dans la graineterie et j'ai très bien entendu des bruits de sac qu'on déchire et de poney qui mange.

Professeur Plonck est arrivé en criant «Victoire! J'ai trouvé quatre ouvre-bouteilles!»

Qu'est-ce qui peut bien se passer?

La Fête du Club!

Julien est venu dans mon Box et il m'a mis ma Selle et mon Filet qui sentaient le savon glycériné et qui brillaient très très fort. Zoé est arrivée et elle a demandé «Vous êtes prêts?» Alors tous les Cavaliers, celui de Bisou, de Magicien, de Darling, de Caprice, de Noctambule, de Crevette et de Vanille, et aussi Julien, ont répondu: «Ouiii!»

Et puis on est allés sur la Carrière.
En chemin on a croisé Miss Mallowe qui revenait et qui se tenait à cheval d'une manière très bizarre, avec ses deux jambes d'un seul côté. Mais je n'ai pas eu trop le temps d'y réfléchir.
Il y avait tellement de monde !
Autant de monde que pour un concours, mais presque que des Cavaliers que je connaissais.
J'ai quand même pointé les oreilles dans tous les sens, parce que je n'ai pas l'habitude de les voir tous à la fois. Mais Magicien avait l'air de trouver ça très normal, alors j'ai décidé que moi aussi.
On est entrés sur la carrière bien l'un derrière l'autre, et on s'est arrêtés. Alors la voix de Vincent est sortie des boîtes qui chantent (mais comment est-il entré là-dedans ?) et il a dit « Et maintenant, le Carrousel des Jeunes Cavaliers ! » et tout le monde s'est mis à taper dans ses mains. J'ai bien cru que Darling allait prendre pour de bon le départ du Prix de Diane, mais alors la Musique a commencé et on a su exactement ce qu'il fallait faire.
On s'est séparés et on s'est rejoints, on a marché Botte à Botte et on s'est croisés face à face, et on était juste en train de prendre un beau Petit Trot quand on a entendu « Bêêê ! » et qu'on a vu le Mouton de Bisou arriver au Grand Galop de Chasse en secouant toute sa laine.
Zoé a crié « Continuez ! » alors on a fait la Chaîne des Dames et les Doublés dans la Largeur, les Voltes Renversées et le Bouquet Final, et pendant ce temps-là le Mouton a suivi Bisou. Il l'a suivi pendant la Serpentine, il l'a suivi dans les Coins, il l'a suivi au Trot et il a essayé de le suivre au Galop mais pour ça vraiment il ne courait pas tout à fait assez vite. Il l'a suivi sur le Grand Cercle et quand on

s'est arrêtés en même temps que la Musique, tous les Chevaux bien sur la même ligne avec pas un bout de nez qui dépassait (ou presque), le Mouton s'est arrêté aussi.

Pendant un moment il n'y a pas eu un bruit.

Puis les Cavaliers ont commencé à rire.

Puis un des Cavaliers a s'est mis à taper dans ses mains.

Puis un autre.

Et un autre.

Et puis tous !

Et ça a fait un bruit énorme, comme le coup de tonnerre l'autre jour, sauf qu'ils criaient « bravo ! » « hourra ! » « splendide ! » et qu'ils avaient l'air content.

Dans les boîtes qui chantent il y a eu la voix de Monsieur Robert qui disait « Je suis désolé pour l'intrusion de cet animal » puis la voix de Vincent qui a dit : « Mais pas du tout Monsieur Robert, ce mouton a de vraies dispositions pour le dressage. Simplement la prochaine fois, ayez la gentillesse de le toiletter, voulez-vous ? » et pendant que tout le monde riait, on a entendu la voix de Monsieur Robert qui disait « Pourvu qu'ils n'en entendent jamais parler, au bureau... »

Un discours

On était encore tous bien rangés Botte à Botte sur la ligne du milieu quand la voix de Vincent a dit :

« Bravo aux Jeunes Cavaliers, et bravo à Crevette, Vanille, Noctambule, Crac, Caprice, Bisou...

– Et son mouton ! a crié quelqu'un.

– Et son mouton, absolument.

– Et Magicien ? a demandé quelqu'un d'autre.
– À ce sujet… Je vous demanderai un peu de silence. »
Les gens se sont arrêtés de parler.
« Je crois que tout le monde ici a un jour ou l'autre monté Magicien… »
Les gens ont dit « Oui », et « Oui », et « Oui », avec des voix toutes petites.
« … puisqu'il y a plus de quinze ans que Magicien travaille dans ce club et que – nous avons fait les comptes – en quinze ans, plus de deux cents personnes se sont assises sur son dos. Pas toutes en même temps, bien sûr. »
Les gens ont ri tout doucement.
« Et aucune n'est tombée à moins de le faire exprès. Magicien a vingt ans. Et tous ici, je crois que nous voudrions qu'il profite de sa vie de cheval pendant qu'il a encore de belles années devant lui. Ce que je voulais vous dire, c'est que Magicien est à la retraite. Vous venez de voir sa dernière reprise. Dès demain, il partira pour le même pré que Jackpot et Libellule. Et nous avons pensé que la meilleure façon de lui dire au revoir, c'était ceci. »
Alors une toute petite Cavalière s'est approchée avec un gros bouquet de carottes à la main, et elle l'a donné à Magicien, et il l'a mangé pendant que Lison sur son dos lui faisait une caresse. Ensuite on a tous eu des Sucres (le Mouton aussi, mais il n'aime pas) pendant que les Cavaliers recommençaient de taper dans leurs mains, puis on est revenus au box, nos Cavaliers nous ont déshabillés, il y a eu la douche, puis le couteau de Chaleur, puis à nouveau le box, et au moment des Granulés du soir on a vu que presque tous les Cavaliers étaient partis et leurs Voitures aussi.

Le Pas de Deux

Il faisait presque tout à fait nuit et il n'y avait plus personne, quand Vincent est arrivé devant la porte de Magicien.

Il portait ses Bottes qui brillent et ses petits éperons. Il a habillé Magicien avec la Selle de Dressage. Il lui a passé sa Bride et il a attaché la Gourmette. Mais au moment où ils sont sortis du box je me suis mis à taper dans la porte et j'ai appelé.

« Oh, et puis flûte, a dit Vincent. Tu n'as qu'à venir aussi. »

Il a ouvert ma Porte et je les ai suivis, sans licol, tout nu.

On est entrés dans le manège. Les grandes lumières étaient tout allumées et on avait nos ombres partout autour de nous.

Vincent est monté sur Magicien. Tous les deux ils ont pris la Piste à Main Gauche.

Personne ne m'a rien dit, alors j'ai fait pareil, et je me suis mis au Botte à Botte.

Vincent m'a regardé et il a souri. Il a dit « Comme tu veux, petit Crac ».

On a marché-trotté-galopé un peu, et puis Vincent a demandé les Changements de Pied. Aux deux temps. Puis au temps. Magicien en a fait dix dans la diagonale, avec moi à côté, mais ça si je n'ai pas de Cavalier sur le dos je ne sais pas, alors j'ai fait comme j'ai pu.

Vincent a demandé un Piaffer. Magicien a levé bien haut les genoux en montant bien le dos et en engageant les postérieurs. Ça je sais à peu près.

Alors j'ai fait pareil.

Et le Passage aussi.

Mais moins bien.

Puis Vincent a mis pied à terre.
Il a desserré la sangle. Il a mis son visage dans les crins de Magicien et il n'a plus bougé. Longtemps. Quand j'ai mis mon nez dans son cou, il a tourné la tête. J'ai goûté. C'était salé.
Il a relevé les coins de la bouche et il a dit « C'était un beau pas de deux, mon gros. » puis il a reniflé fort, il a passé sa main sur sa figure, et alors on est rentrés.

Lendemain de fête

Aujourd'hui un Camion est venu.
Magicien est monté dedans.
Il est parti.
Je l'attends.
C'est fini la Fête ?

Chapitre 12

JUILLET

Tout seul

Magicien n'est jamais revenu.
Je ne mange pas.
Je suis maigre.
Je ne suis plus Crac.
Je fais mon travail de Cheval de Club, mais quand Vincent me regarde il fait des plis avec son front et les coins de sa bouche sont tournés vers le bas et il secoue la tête.
Zoé pareil.
Quand je rentre au box j'appelle, pour si Magicien était là. Mais il ne répond jamais. Alors quand je suis chez moi à côté du box vide tantôt je laisse tomber ma tête, tantôt je fais des tas de paille avec mon nez, tantôt je fais le tour de mon box, toujours dans le même sens, sans pouvoir m'arrêter, jusqu'à ce que je sois trempé. Vincent est venu voir et il a dit « Il s'épuise… Je ne pensais pas que son copain lui manquerait autant.

– Peut-être qu'il cherche à le retrouver ? a demandé Zoé.
– Va savoir… »
Pour m'empêcher de tourner en rond ils ont essayé de m'attacher mais je me suis mis à me balancer d'un pied sur l'autre, d'un pied sur l'autre… Jef a dit « C'est le tic de l'ours » et Vincent a dit « On le détache. Ça ne va peut-être pas durer. »
Je ne sais pas ce que j'ai. Dedans moi tout est vide et pourtant ça fait comme Mal. Quand je tourne le Mal passe un peu. Pas beaucoup.
Tout le monde s'occupe de moi.
Jef et Delphine me donnent des Pommes et des Sucres et des Carottes. Je les prends parce que je suis Bien Élevé mais ensuite presque tout tombe par terre. Ils me parlent. Ils disent « Tu vas te trouver un autre copain » et « Nous on t'aime » et « Ça va aller mieux » et « Déjà que Magicien est parti, comment on ferait sans toi ? Accroche-toi mon pépère ! », puis à un moment ils arrêtent de parler et ils reprennent la Brouette.
Julien vient me voir de temps en temps. Alors un peu de Crac revient dans moi, mais pas beaucoup. Un Ami Cavalier c'est bien, mais ce n'est pas comme un Ami Cheval. On ne parle pas pareil. On ne fait pas la toilette pareil. On ne joue pas pareil. La chose qui est pareille c'est ce qu'il y a dans les yeux.
Mais ce n'est pas assez.
On a essayé de mettre dans mon box un Mouton comme à Bisou mais je ne l'ai même pas regardé, alors il est parti.
Dans le box de Magicien un jour il y a eu Crevette et il est gentil Crevette, mais je ne sais pas pourquoi, quand il a voulu me dire bonjour je suis devenu comme fou. Heureusement qu'il y avait les

barreaux parce que sinon je l'aurais tué à coups de dents et de pieds de devant. Jef a sorti Crevette en quatrième vitesse et j'ai laissé retomber mes pieds et puis ma tête.
Et je me suis remis à tourner.
Véro m'a emmené faire une Balade en Forêt Rien Que Nous Deux. On est passés par la Rivière et j'ai été d'accord pour mettre mes pieds dedans – là ou ailleurs… – mais je n'ai pas voulu jouer à m'éclabousser. À un moment, au milieu du chemin, il y a eu comme un petit cheval avec un arbre sur la tête. Ce n'était pas Magicien. Quand on est rentrés Véro a dit « Un dix-cors nous est passé sous le nez à cinq mètres et il n'a même pas bougé une oreille. Honnêtement, il m'inquiète » et Vincent a répondu « Moi aussi ».
Au Pré je joue un peu avec Caprice parfois mais je suis tout de suite fatigué, je ne sais pas pourquoi. Alors je laisse tomber ma tête. Je ne chasse presque plus les Mouches. Je n'ai pas envie de brouter.
Les Cavaliers me font énormément de Caresses et demandent « Mais qu'est-ce qu'il a, Crac ? » et Jef, ou Delphine, ou Zoé, ou Vincent répondent : « Il est triste ».
Qu'est ce que c'est, « triste » ?
Deux fois un Camion est entrée dans la cour et deux fois un Cheval en est descendu. Mais les deux fois, ce n'était toujours pas Magicien.
Aujourd'hui, un autre Camion s'est arrêté dans la cour. Je l'ai reconnu : c'est le même que celui qui m'avait amené, avec le même Cavalier qui m'y avait fait monter.
Dedans, un Cheval faisait du bruit. Mais je savais bien que ce n'était pas Magicien.
J'ai recommencé à tourner.
Puis Vincent est arrivé, et Jef, et Delphine, et Zoé aussi, et Muffin.

Vincent a appelé : « Crac ! Dis bonjour à ta nouvelle voisine ! »
J'ai continué à tourner.
J'ai entendu la porte du camion s'ouvrir, la rampe tomber, et le cheval du Camion a crié : « Mais où suis-je » ?
Alors je me suis arrêté…
Je connaissais cette voix !
D'un seul coup le vrai Crac est revenu dans moi. Je n'ai plus pensé à tourner. J'ai relevé la tête, j'ai gonflé mes côtes, j'ai monté mon dos, pointé mes oreilles, ouvert grand la bouche et le plus fort que j'ai pu j'ai répondu :
« FANFARONNE ! »

Fin

Remerciements

Pour rédiger cet ouvrage, j'ai naturellement dû faire appel à la compétence de nombreux conseillers techniques. Je tiens donc à remercier chaleureusement tous ceux sans qui le petit Crac n'aurait jamais pu tenir son journal, et je veux bien sûr parler de : Taquin de Lison, Vertige, Eos, Erlise, Kaline, Amour, Perceval, Foudre, Batman, Tarina, Great, Big, Bas-Blancs, Bayard, Cemi, Gazelle, Tom, Veaujour, Joad, Bleu, Aurore, Rhum, Bouzkachi, Galant, Phébus, Silver, Sunshine, Trop-Malin, Belinfante, Puma, Qrack, Daphné, Caresse, Riposteuse, Joli-Gars, Royalty, Una, ainsi que les poneys Tsar, Duc, Câlin, Daïka, Ondine, Pinocchio, Folamour, Fiston, Gino et Bounty.
Je souhaite également exprimer toute ma reconnaissance à Laurent Mézailles et Sandrine Sartori, qui dirigent le Centre Équestre de la Gorge-aux-Archers, ainsi qu'à Marie-Pierre Poincloux, Émilie Gilot, Alexandre Deval, Alain Baptiste, Véronique Faurel, et Frédérique Calandra, qui tous et toutes sont restés mes amis malgré les innombrables questions dont je les ai soûlés.

Imprimé en France par Clerc à Saint-Amand-Montrond
N° d'imprimeur : 8024 - N° d'édition : 003148-04
Dépôt légal : mars 2004